DORES CONTEMPORÂNEAS

René Dentz

DORES CONTEMPORÂNEAS

EDITORA
IDEIAS&
LETRAS

DIRETOR EDITORIAL
Márcio Fabri

CONSELHO EDITORIAL
Edvaldo M. Araújo
Fábio E. R. Silva
Marco Lucas Tomaz

COORDENAÇÃO EDITORIAL
Valério Alves

PREPARAÇÃO
Andresa Mariana

REVISÃO
Daniel de Vasconcelos Andrade

DIAGRAMAÇÃO E CAPA
Danielly de Jesus Teles

Todos os direitos em língua portuguesa, para o Brasil, reservados à Editora Ideias & Letras, 2024.

1ª impressão

Rua Oliveira Alves, 164
Ipiranga – São Paulo/SP
Cep: 04210-060
Televendas: 0800 777 6004
Editorial: (11) 3862-4831
vendas@ideiaseletras.com.br
www.ideiaseletras.com.br

Dados Internacionais de Catalogação na Publicação (CIP) de acordo com o ISBD

D415d   Dentz, René
            Dores Contemporâneas / René Dentz. –
          São Paulo : Ideias & Letras, 2024.
            88 p. ; 14cm x 21cm. – (Filosofia e Atualidades)

            Inclui bibliografia.
            ISBN: 978-65-87295-69-5

       1. Psicanálise. 2. Autoconsciência. 3. Ansiedade. I. Título. II. Série.

2024-822   CDD 150.195
                                                 CDU 159.964.2

Elaborado por Vagner Rodolfo da Silva - CRB-8/9410
Índices para catálogo sistemático:
1. Psicologia 150.195
2. Psicologia 159.964.2

Sumário

Prefácio 7

Introdução 9

1. Diagnóstico do nosso tempo 13
As pessoas estão mais sozinhas hoje em dia? 13
Desejo e investimento libidinal em nossos tempos 15
Por que fugimos de nós mesmos? 17
Egoísmo limitante 19
O humano entre a paranoia, o real e a singularidade 20
O real e o imaginário em nossos tempos: o sujeito contemporâneo e seus desafios 24
Dor, sofrimento e liberdade psíquica 27
Violência e caos contemporâneos 30
Conexão de afetos e tecnologias 32

2. Sofrimentos contemporâneos 36
Estamos sofrendo mais hoje? 36
Relações tóxicas 38
O que devemos refletir sobre o suicídio? 40
As relações parentais são sagradas? 42
O sofrimento não é a dor 44
Relacionamento saudável é conviver com diferenças: ninguém completa ninguém! 45
Reflexões sobre a infância e a adolescência na contemporaneidade 46
Reflexões sobre a vida e a morte: um olhar profundo sobre a existência humana 48

Transtorno de ansiedade 50

Desvendando o luto: palavras para o inexprimível 52

3. Caminhos da Existência livre **54**

Uma vida refletida 54

O saber filosófico 55

O filosófico e o poético 57

Quais experiências são para mim? 58

A diferença entre felicidade e satisfação 59

Dialogar e escutar para conhecer 61

O sofrimento enquanto condição humana 63

A espiritualidade e a escuta 68

Amor, riscos e diferenças 71

Ainda é viável discutir sobre felicidade? 73

Conclusão **76**

Referências **82**

Prefácio

Que mundo é este em que nos cabe viver neste momento? Que tempos são estes em que estamos mergulhados? As interrogações se avolumam. As dores também. E nenhuma delas encontrará resposta ou cura se insistirmos na busca de soluções mágicas. Só tentando entender a imensa complexidade dos nossos dias e aceitando que não há atalhos milagrosos nem saídas fáceis é que criaremos alguma chance de viver vidas com mais sentido e qualidade. E é exatamente por isso que a leitura de um livro como *Dores Contemporâneas* se faz essencial.

Com a lucidez e a profundidade que já são suas marcas, René Dentz faz uma análise precisa e extremamente pertinente dos nossos tempos. A convivência entre a hiperconexão digital e a dificuldade para estabelecer vínculos na chamada vida real. O excesso de estímulos e escolhas e a ansiedade que não para de crescer. A busca obstinada pela felicidade e os quadros preocupantes de depressão. A exaustão de uma vida sem pausas e a crença de que só temos valor quando estamos produzindo – e é preciso produzir sempre mais. O desafio de distinguir o *fake* do real, de conviver em ambientes tóxicos no trabalho, de tentar preencher todo e qualquer vazio. O narcisismo. A recusa à escuta. As tentativas infrutíferas de anestesiar o que dói, de negar nossas angústias, de controlar o incontrolável.

São tempos difíceis, para usar o maior dos eufemismos. E nem sempre temos êxito nas nossas iniciativas para tentar "circunscrever o caos", como aponta René Dentz. Mas há espaço para a esperança. Novas ideias e novos conceitos estão sendo gestados, ele lembra. Mas é preciso investir no diálogo e no afeto. Evitar a cilada da "exaltação do próprio eu", tão cara aos nossos tempos. Exercitar a escuta, o espírito crítico e a solidariedade. Aprender que há um vazio que é parte da condição humana. Entender que as adversidades "mantêm a vida em vida". E que a busca da felicidade, tão legítima, não pode ser empreendida através de falsas saídas ou ilusões.

Em *Dores Contemporâneas*, René Dentz reflete com inteligência e clareza sobre essas e outras questões, sem jamais prescrever receitas ou ditar normas. Ele apenas nos convoca a olhar de forma consciente para duas realidades desafiadoras: a do universo que habitamos hoje e a do universo que existe dentro de nós. Não é pouco. Por isso mesmo (nunca é demais repetir), este é um livro que deve ser lido. Uma obra essencial.

Leila Ferreira, jornalista e escritora

Introdução

Sutis mudanças no mundo em que vivemos

Muitas vezes as mudanças são sutis. Vivemos momentos de intensas transformações. Nunca, talvez, "tudo o que é sólido tenha desmanchado tanto no ar". Estamos em intensa fluidez. As transformações, justamente por serem intensas, por vezes, demoramos a percebê-las. Quando as notamos, temos a sensação de já sermos, naquele momento, fruto da própria realidade transformada.

Estamos, cada vez mais, nos relacionando com "não-coisas". Em todas as esferas da vida humana, o real e o concreto têm deixado espaço para o virtual e o artificial. Podemos notar essa mudança em diversos fatores. Estamos aprendendo tudo, ou quase tudo, virtualmente. Com excesso de conexões virtuais, parece que acumulamos conhecimento, dados, informações. Por outro lado, parece que retemos o mínimo do que vimos. Podemos assistir a muitos vídeos, ouvir muitas músicas, mas a qualidade e a presença na experiência daquele momento têm sido pobres. Paradoxalmente, na era da informação, as pessoas estão tendo problemas com a memória. Esse fenômeno está associado também pela diminuição de afetos mais qualificados no passado. A memória, ao contrário do que muitos imaginam, não é um acúmulo de elementos do passado, mas uma constante atualização do passado no presente. Se as experiências do passado ou do presente são pobres ou rasas, nosso desejo vai se perdendo e a memória esvaziando.

Atualmente, percebemos a realidade em termos de informação. A camada de informação, que cobre as coisas como uma membrana sem lacunas, protege a percepção de intensidades. Tudo é percebido de uma forma rápida, sutil e sem embates. A informação representa a realidade, mas não é a realidade, cria mundos paralelos. Ela reduz o contato. A percepção perde profundidade e intensidade, corpo e volume. Não se aprofunda na camada de presença da realidade, só toca sua superfície informativa. O próprio *smartphone* é visto quase como uma extensão do corpo, é levado para todo lugar, não é mais uma coisa, é uma realidade informacional. As telas de cinema ou televisão não são tão necessárias mais, pois o preenchimento da realidade por informações na pequena tela do celular já transporta a mente para outros mundos.

Esses novos mundos são gerados pela imaginação, mas, ao contrário do que acontece com a literatura, é uma imaginação direcionada, não-narrativa, em que não há espaço para o mistério, o não-revelado. Tudo está evidente, no seu devido lugar. As imagens direcionam a imaginação, sem deixar espaço para novas narrativas. Na forma de selfies, o rosto humano conquista a fotografia, o narcisismo ganha espaço. A realidade superficial e parcial do momento pessoal é escancarada. A selfie é a exposição de uma face, de uma realidade de superfície, não é uma narrativa, uma história de vida. O valor do culto ao rosto humano desaparece completamente. A selfie é o rosto exposto sem significado escondido. Não necessitamos mais "falar" das viagens, pois pequenas frases e muitas imagens já disseram tudo. Narrativas parecem obsoletas. Informações são suficientes, mas resistem pouco ao tempo. A memória inconsciente não lida bem com elas, pois não afetam em nível mais profundo, não geram reflexões e nos transportam ao irreal mundo das não-coisas. O risco que vivemos não é o extermínio da humanidade, mas que ela mesma se negue, abdique de sua própria realidade.

O mundo em que vivemos apresenta muitos desafios. As transformações são rápidas e vamos viver, cada vez mais, mudanças substanciais que baterão à nossa porta. Vivemos muitas dessas transformações, mas apenas depois de um tempo conseguimos percebê-las e, ainda mais à frente, refletir sobre o que aconteceu. Estamos conectados e os algoritmos irão cada vez mais nos dominar, retirar nossa liberdade, controlar nossa vontade. O problema é que nossa identidade vai sendo preenchida para longe de nós mesmos e, com isso, vamos nos perdendo. É o que tem acontecido: as pessoas estão muito ansiosas, conectadas e se comparando o tempo todo. Saber de tudo a cada instante pode ser um problema. Nossa mente precisa de um tempo de pausa, de reflexão. Não se trata de autoconhecimento no sentido que muito tem se divulgado. Imaginar que um dia vamos nos conhecer plenamente não passa de mais uma neurose pós-moderna. A nossa identidade está justamente no nosso desconhecido, nos lugares vazios que não serão preenchidos. "Perceber o vazio" e "escutar o silêncio" são bons caminhos.

Não seremos completos, mas o mundo atual quer nos preencher o tempo todo. As informações que recebemos não são apenas informações, mas afetos, ideias, imaginação imposta. Assim, não há mais espaço para o que somos. Em um mundo padronizado, compreendermos o que não somos é valioso. Jamais alcançaremos o total entendimento do que somos.

Uma das grandes funções da psicanálise é fazer com que o analisando escute a si mesmo. Escutar-se é algo difícil, mas possível. No fluxo cotidiano, raramente fazemos isso. A vida é uma constante caixa de surpresas, a diferença de cada ser humano é a forma como conseguimos lidar com as aleatoriedades dos caminhos. Por isso, resiliência é uma palavra essencial! Somos como peregrinos, não temos certeza do amanhã, não podemos parar o tempo, não somos fortes como pensamos. Em nossa caminhada, continuamos. Sem negatividades, a vida se atrofia até a morte. As adversidades mantêm a vida em vida. A dor é elemento constitutivo da experiência. Uma vida que gerasse apenas emoções positivas não seria verdadeiramente humana. O mundo em que vivemos quer positivar tudo: o corpo, a mente, a alma, os pensamentos. Sem adentrar a dor, não existe cura, e sem compreender que o que forma o humano é o desejo, e que este não existe sem ausências, apenas caminharemos constantemente em círculos, sem nos aproximarmos de nós mesmos.

Diagnóstico do nosso tempo

As pessoas estão mais sozinhas hoje em dia?

É notável o crescimento do número de pessoas que optam por viver sozinhas, fora de relacionamentos amorosos. Ao mesmo tempo, muitos sofrem por não encontrar um parceiro "ideal", ou projetam a "salvação" no outro. Não há problema em estar sozinho. O problema é quando esse comportamento é fruto de algum trauma que se caracteriza como "fobia social", por exemplo. Alguns podem estar sozinhos porque tiveram grandes decepções com pessoas ou sentiram a rejeição na pele. Desiludir-se com a humanidade é ruim. Afinal, nem todos os seres humanos são iguais. Existem pessoas diversas, com características singulares. Ninguém é igual a ninguém! Ninguém pode ser definido e conceituado de forma absoluta.

Por outro lado, também é verdade o velho ditado: "antes só do que mal acompanhado". Não é saudável estar ao lado de uma pessoa que nos faz mal constantemente. Muitas pessoas sofrem com isso e não percebem que, gradativamente, sua autoestima vai sendo abalada justamente por causa desse relacionamento. Tenho visto muito esse aspecto na clínica psicanalítica nos últimos anos, principalmente em relacionamentos amorosos, mas também tem crescido entre amigos e até mesmo na escola, entre adolescentes.

Para Lacan, a fobia social é compreendida como uma defesa contra o confronto com a falta no Outro e com a própria imagem. Ele a aborda dentro do contexto do seu conceito fundamental do "Estádio do Espelho". Segundo o psicanalista, o Estádio do Espelho é um momento crítico do desenvolvimento em que a criança, ao perceber sua imagem refletida no espelho, constrói uma identidade unificada e uma ilusão de completude. No entanto, essa identificação é uma ilusão, pois a criança percebe que a imagem refletida é separada dela. Dessa maneira, esse tipo de fobia pode surgir quando a pessoa experimenta uma falha ou uma ruptura nesse processo de identificação com a imagem. Ela surge como uma defesa contra a confrontação com essa falta, com a incompletude do sujeito diante do Outro. O olhar do outro se torna ameaçador, gerando ansiedade intensa e evitação de situações sociais. O sujeito teme que o olhar do outro revele sua falta, sua inadequação, ou seja, que o outro veja através da fachada construída. A fobia social pode, assim, funcionar como uma tentativa de evitar esse confronto e preservar a imagem idealizada de si mesmo. Ela é vista como uma defesa contra a confrontação com a falta e a inadequação diante do Outro. Por meio do trabalho terapêutico, o sujeito pode explorar e reconstruir sua relação com a própria imagem e com os outros, permitindo uma maior liberdade e autenticidade em suas interações sociais.

O ser humano é um ser de ação. É preciso exercitar a prudência, virtude essencial, como enfatizava o filósofo antigo Aristóteles. O ser humano precisa do ser humano. Não seremos felizes isolados da sociedade. No entanto, o caminho do meio é o mais saudável, pois também não conseguiremos encontrar sinais de felicidade se estivermos perdidos na multidão. Não podemos substituir o ser humano por animais não-humanos. É evidente que os animais não-humanos trazem afeto, demonstram sinais de gratuidade, mas a interação humana é distinta e singular. Ela não pode ser substituída por robôs, animais e muito menos pelo virtual.

A pandemia intensificou o pânico e a fobia social, além de deixar marcas profundas. As pessoas estão com medo. O medo é, muitas vezes, generalizado. Não se sabe por quê, não tem objeto.

Outro aspecto do mundo atual que facilita o isolamento é a virtualidade. Estamos muito conectados e isso transforma as pessoas em seres de desejos imediatos. Queremos tudo de forma prática, rápida e satisfatória, sem grandes responsabilidades. Nesse cenário, o virtual se torna ideal! Talvez, nunca tenha sido tão importante se conhecer para estar com o outro. Não precisam ser tantos, mas de fato outros reconhecidos, escutados e afetivamente conectados.

Desejo e investimento libidinal em nossos tempos

O conceito de desejo é central na teoria psicanalítica de Freud. Trata-se de uma força pulsional que estimula as ações humanas e determina a dinâmica psíquica. No cerne da psicanálise está o desejo inconsciente, uma parte obscura e misteriosa de nós mesmos que exerce uma influência poderosa em nossas vidas. Através da análise dos sonhos, lapsos freudianos e atos falhos, Freud possibilitou o acesso a esse desejo oculto, revelando nossas motivações mais profundas.

Já Lacan, ao retomar e ampliar os conceitos freudianos, enfatiza a dimensão linguística e simbólica do desejo. Introduz o conceito do "Outro", que representa o lugar de onde emana o desejo do sujeito. Nessa perspectiva, o desejo não é simplesmente uma falta a ser preenchida, mas é moldado pelos significantes presentes na linguagem e na cultura. Numa sociedade pós-moderna, marcada pela multiplicidade de discursos e pela fragmentação da identidade, o desejo pode tornar-se ainda mais complexo e ambivalente.

A pós-modernidade é caracterizada por uma constante mudança cultural, tecnológica e social, o que afeta a maneira como experimentamos e expressamos nossos desejos. A hiperconexão digital e a proliferação de estímulos visuais e informacionais podem impactar a forma como investimos nossa energia libidinal. Nesse contexto, a satisfação imediata e efêmera pode prevalecer em detrimento de desejos mais profundos e duradouros, levando a uma busca incessante por novas experiências sem um verdadeiro compromisso emocional.

O investimento libidinal, um conceito desenvolvido por Freud, refere-se à alocação dessa energia do desejo em objetos e atividades. Mediante esse investimento, estabelecemos laços afetivos e relações interpessoais. No entanto, o modo como investimos nossa energia libidinal não é apenas determinado pela estrutura psíquica individual, mas também é influenciado pela cultura e pelas mensagens sociais que recebemos.

Laplanche contribui para a teoria psicanalítica ao enfatizar a dimensão cultural do investimento libidinal. Ele introduz o conceito de "enigma", que representa a memória psíquica carregada de significados e afetos provenientes do ambiente cultural. Nesse sentido, o modo como a sociedade pós-moderna apresenta e normatiza os desejos pode influenciar a maneira como os investimos, criando assim uma relação íntima entre cultura e psique.

No entanto, a pós-modernidade também traz desafios para a compreensão e o manejo do desejo. A fluidez dos significados e a multiplicidade de discursos podem gerar uma sensação de falta de identidade e de referências sólidas, tornando difícil a elaboração e a expressão dos desejos mais profundos e autênticos. O sujeito contemporâneo, muitas vezes, encontra-se imerso em um mar de estímulos e escolhas, o que pode gerar ansiedade e angústia em relação ao desejo e às escolhas que fazemos em nossas vidas.

Nesse cenário, a psicanálise se mostra relevante ao oferecer um espaço de reflexão e escuta, onde é possível explorar os desejos inconscientes, os investimentos libidinais e as complexidades psíquicas de cada indivíduo. A abordagem psicanalítica permite que o sujeito se aprofunde em seu mundo interno, compreenda suas motivações e conflitos, e encontre caminhos para lidar com a multiplicidade de estímulos e informações que caracterizam a pós-modernidade.

Por que fugimos de nós mesmos?

Nossa existência é a síntese entre o aleatório, os eventos caóticos, imprevisíveis, aqueles que não esperamos, que gostamos ou não; e aqueles eventos que podemos decidir. Contudo, mesmo as nossas decisões são, muitas vezes, impensadas e tomadas de forma pouco refletida e consciente. Aliás, felicidade pode ser entendida como o resultado das decisões e suas consequências. Quanto mais refletida, mais chance de satisfação e realização. O problema é que essas decisões não são feitas em um plano apenas racional. A racionalidade, ao contrário, em muitos casos funciona como mecanismo de defesa, escondendo elementos traumáticos. É ilusório imaginar que possamos saber tudo da nossa existência através de esquemas visualizados. A nossa vida é feita de momentos diversos, muitos deles que não lembramos, mas que, ainda assim, "habitam em nós". A infância, por exemplo, é um enorme oceano.

Muitas vezes "temos certeza" de uma decisão e depois reconhecemos que aquele caminho não era nosso. Essa constatação costuma ser sinal de maturidade e evolução. O ser humano que consegue sair de círculos viciosos e mudar rumos da existência, não insistindo em equívocos e ilusões, consegue alcançar camadas mais profundas de si mesmo. No entanto, caros leitores, a maioria fica na superfície de sua existência, repetindo processos, métodos e padrões que não permitem o próprio aprofundamento, encontros com seus desejos reais.

É comum ver pessoas que limitam sua existência ao seu modo de ver o mundo, aos preconceitos ou suas tradições. Até mesmo elementos familiares podem servir como uma viseira. O mundo é diversidade, pluralidade e aí está sua riqueza, em sua infinitude de possibilidades. Os filhos, por exemplo, não devem ter os mesmos desejos dos pais ou até mesmo as mesmas visões, devem evoluir, olhar além.

Ao repetirmos padrões (e isso pode mesmo acontecer em algumas formas terapêuticas), estamos ignorando ou reforçando os sintomas. Como escreve o psicanalista francês, Jacques Lacan:

"O sintoma é uma formação comprometida entre a satisfação de um desejo inconsciente e a censura que o impede de se manifestar diretamente" (*O Seminário*, Livro 10: A Angústia). "O sintoma não é apenas um problema a ser eliminado, mas uma via de acesso ao inconsciente e à compreensão do sujeito" (*O Seminário*, Livro 20: Mais, Ainda).

Sigmund Freud, o pai da psicanálise, por sua vez, desenvolveu o conceito de mecanismos de defesa, como mencionamos acima, para relatar as estratégias psicológicas que o ser humano usa de forma inconsciente para lidar com o conflito interno e proteger sua psique. Trata-se de mecanismos psicológicos diretos que ajudam a lidar com a ansiedade, o desconforto emocional e as demandas do mundo externo. O mais imediato é a repressão. Pode se manifestar na condição de afastamento de pensamentos, memórias ou impulsos dolorosos, traumáticos ou inaceitáveis para o inconsciente. O segundo é a negação, que se resume na recusa em aceitar a realidade ou de algo que causa ansiedade. A pessoa minimiza a importância de um evento ou fato perturbador para evitar lidar com as emoções associadas a ele. Depois, aparece a projeção, atribuindo a outros os sentimentos, impulsos ou pensamentos indesejáveis que a pessoa não está disposta a reconhecer em si mesma. É muito comum em relacionamentos amorosos. Em outro momento, pode aparecer o deslocamento, quando a pessoa dirige impulsos ou emoções de um objeto ou pessoa para outro objeto ou pessoa seguros. Um exemplo disso é alguém que está com raiva do chefe descontar esse sentimento no cônjuge ou nos filhos. Na racionalização, a pessoa tenta dar explicações lógicas ou socialmente aceitáveis para comportamentos, impulsos ou eventos perturbadores. Ela quer manter o controle de todo o caos. Por fim, existe a sublimação, que tem sido muito comum hoje em dia. Diria que é um mecanismo de defesa mais adaptativo, em que impulsos ou emoções indesejáveis são redirecionados para atividades socialmente aceitáveis ou produtivas.

Por exemplo, canalizar a agressão em atividades esportivas ou a sexualidade em atividades artísticas.

Egoísmo limitante

Em muitas religiões, o mal é um conceito associado ao egoísmo. Ter o seu próprio "eu" muito inflado e, consequentemente, se fechar aos outros, às alteridades que a vida apresenta cotidianamente, é tido como um mal maior. Dele derivam tantos outros. Por isso, em uma sociedade narcisista e egoica, presenciamos aumento da sensação de violência, em várias formas. O preconceito, por exemplo, é uma forma de exclusão, gera sofrimento em tantos outros, em seres humanos diferentes e diversos de mim mesmo. Ele existe porque entendemos que a nossa forma de vida é a única válida ou moralmente aceita. Trata-se de uma violência que afeta profundamente, que tem seu início em um ato de fechamento, quando não se quer escutar e atestar o outro como ele é.

Quando estamos fechados em pensamentos únicos, em verdades absolutas, também não conseguimos deixar nosso narcisismo. Para algumas pessoas existem verdades necessárias a ponto de se tornarem dependência para elas. Se alguém tentar desconstruí-las, emite-se um ódio avassalador. A diversidade de vidas, de pensamentos, o choque com novas realidades enriquece o ser humano. Quando estamos fechados em nossa realidade e achamos que ela é a única e mais autêntica, somos egoístas e faremos, mais cedo ou mais tarde, o mal.

Nos relacionamentos, um dos motivos mais frequentes que vejo na clínica é a ausência de escuta e, consequentemente, falta de diálogo. Geralmente, isso se deve ao fato de um dos cônjuges (ou ambos) não estar disposto a experienciar uma nova forma de vida a partir daquele momento. Há aqueles que estão presos ao seu modelo familiar e apresentam dificuldade em entender que o mundo é maior do que o que aprenderam no passado. Alguns ensinamentos podem ser válidos, outros não. Nenhuma família ou ensinamento humano são perfeitos. Por isso, uma característica que ajuda o ser humano a crescer existencialmente é se abrir, não estar limitado às suas experiências, suas memórias, seus pensamentos, seu círculo de amigos ou familiares. Todas essas dimensões podem ser saudáveis, mas não são imutáveis e nem exclusivas. Qualquer dependência afetiva profunda está próxima a elementos patológicos.

Da mesma forma, quando estamos escravos de algum fator da vida, seja do trabalho, de algum hobby, do dinheiro ou do poder, estamos atuando em prol do nosso "eu". Há uma identificação absoluta e necessária com aquela atividade. No entanto, é nesse exato momento que deixamos de ver o mundo de forma livre, autêntica, crítica, e de olhar os outros. O egoísmo é uma espécie de ilusão momentânea, mas que, em muitas pessoas, custa a passar e pode até durar uma vida toda.

Pessoas muito apegadas e dependentes normalmente apresentam maior dificuldade em perdoar. O perdão é mais provável e constante em pessoas livres, que se abrem a um mundo diverso ao seu. O perigo de nossa época é o aprofundamento do narcisismo. Nossa relação com o outro está se tornando, constantemente, uma relação com nós mesmos, uma espécie de espelho do nosso ego, por isso, cada vez mais as pessoas apresentam dificuldades em ouvir "não", ou críticas, pois esses gestos parecem ferir o ego profundamente. Dessa forma, caminhamos para a depressão, a melancolia e a solidão (mesmo no meio da multidão).

O humano entre a paranoia, o real e a singularidade

Em nossos dias, quanto mais vivenciamos um mundo de interações, maiores complexidades surgem. A ordem parece se extinguir, dando lugar ao caos e ao aleatório. No entanto, o caos assusta. Diante de um cenário sem resposta em um primeiro momento, o ser humano tende a se apegar emocionalmente a um conteúdo de solução clara e rápida (mesmo que paranoica e irreal). Todo esse contexto abre enorme espaço para as paranoias. O conhecimento paranoico se fundamenta através do eu, por isso, uma sociedade narcisista tende a ser uma sociedade de maior pós-verdade. Nesse contexto, é pelos olhos do outro que conhecemos o mundo; portanto, desconhecemos que somos um outro. Pelas bolhas que conhecemos e nelas nos alimentamos e validamos aquele mesmo conhecimento.

Vivemos no mundo da "pós-verdade", onde o real não importa mais, mas sim aquilo que eu quero que exista. O afeto e a emoção contam mais para afirmar alguma coisa sobre o mundo do que a razão e a crítica. Esse fenômeno é observado em diferentes campos do saber. No campo psíquico mesmo, estamos presenciando diversos métodos frágeis e rasos que propõem "curas" a partir de elementos místicos e mágicos, sem ter passado por uma crítica acadêmica, por pesquisa mais fundamentada. Por outro lado, pode-se chamar tudo de patologia e encontrar um medicamento para resolver. Esse fenômeno também é notado nos discursos liberais, aqueles que afirmam que todos os problemas sociais do nosso mundo seriam resolvidos pela privatização. É um processo que inclui a privatização do próprio eu e da política, pois não teria mais sentido a busca pelo bem comum, o diálogo em busca da solução de conflitos (que não existiriam mais, seria o "fim da História"). Um mundo ideal estaria à disposição! Nesse contexto, a tecnocracia entra em cena, um discurso ingênuo (por vezes arcaico e de caráter quase religioso), para fornecer todas as soluções. O que é mais irônico é que esses discursos surgem principalmente da Economia e do Direito. Ora, e quando, de repente, todo o discurso econômico ou jurídico não se concretizou na realidade? O que aconteceu? Então os tecnocratas dizem: "a realidade está equivocada". Eis a paranoia! Felizmente algumas mentes mais lúcidas, mais críticas e trabalhadoras e menos "manualescas" (que sustentam seu conhecimento em manuais) percebem que o caminho da Economia e do Direito é mais árduo e complexo: aquele do diálogo interdisciplinar e que reconhece as complexidades ao nosso redor.

As religiões infelizmente também foram, em grande medida, para esse caminho. Os discursos são rasos, superficiais e repetitivos, abrindo as portas à compulsão. Presenciamos um "consumo" da religião, assim como consumimos produtos. No entanto, diante dos cenários de depressão e ansiedade, cada vez mais as repetições funcionam como paliativos e será preciso entender o ser humano de forma mais séria e densa. Por isso, sempre alerto aos seminaristas para estudarem bastante filosofia, teologia, psicanálise, para entenderem o ser humano do século XXI e não acabarem sendo "padres-gurus de autoajuda" e pregadores de ilusões.

O que presenciamos na política de hoje? Nas últimas semanas vivenciamos uma avalanche de *fake news*. Elas possuem alguma função? Sim, dentro de uma lógica de pós-verdade, elas criam um mundo específico, onde alguns grupos querem habitar. Muitos não dão conta de habitar na fluidez e precisam de elementos repetitivos, compulsivos e ideias claras e distintas que prometem a saída do caos e das complexidades. Por isso, os negacionismos são tão paranoicos e fora da realidade, acreditando ter revelado um mistério a poucos revelado, um segredo oculto, uma conspiração perigosa. Enquanto isso, a humanidade caminha e podemos perder o rumo da História, atrasados, arcaicos e paranoicos.

O sujeito hoje volta suas preocupações para ele mesmo, sua imagem, por meio de um processo que podemos intitular de "estetização da existência". Nele, o que importa para o indivíduo é a exaltação do seu próprio eu, unicamente. O cuidado neurótico com a própria imagem é verificado no cuidado com o corpo, seja pela imagem, seja pela busca de uma saúde inabalável. O sujeito vive essa estetização do eu através das curtidas e pela admiração contínua dos outros. "Constitui-se aqui a manipulação do outro como técnica de existência para a individualidade, maneira privilegiada para a exaltação de si mesmo.

Com efeito, para o sujeito não importam mais os afetos, mas a tomada do outro como objeto de predação e gozo, por meio do qual se enaltece e glorifica" (BIRMAN, 2021, p. 180).

Na cultura do espetáculo, o que é importante para o indivíduo é a exigência infinita da performance, onde o que importa é a exaltação do eu. O sujeito se transforma em um rei ou em um mito, sendo cada um dos seus atos aplaudido pela massa, mesmo que sejam os atos mais ridículos e bizarros imagináveis.

Atualmente, o que direciona o indivíduo é a busca desesperada por soluções mágicas: terapias alternativas, drogas, vícios diversos, coachings, entre outros. Há também uma tentativa de desvendar segredos internos praticando esportes de forma compulsiva. Há uma depredação de sua própria subjetividade, identificando-a com elementos simples, rasos, repetitivos, miméticos (aqui no sentido de padronizados). Nesse sentido, cria-se um ambiente cultural no qual não existe mais espaço para a fraternidade, a amizade, o amor genuíno, o afeto gratuito e até mesmo para o desejo em sua singularidade. O único aspecto que interessa aos sujeitos é circunscrever severamente o território medíocre de sua existência à custa do gozo predatório sobre o corpo do outro, que é desconhecido, sem rosto e sem identidade. As individualidades não se afeiçoam mais aos corpos que lhes possibilitam prazer e gozo, meras mediações que funcionam como acréscimo das suas imagens narcísicas. Dessa maneira, não se cultivam mais alguns rituais simbólicos fundamentais para a instauração da sociabilidade e à existência humana lapidada, como o nascimento e a morte.

Por isso, Papa Francisco nos recorda que a nossa vida deve ser narrada, assumindo sua dimensão de temporalidade e consequente historicidade.

"A nossa vida é o 'livro' mais precioso que nos foi confiado, um livro que muitos, infelizmente, não leem, ou o fazem demasiado tarde, antes de morrer. No entanto, é nesse livro que se encontra aquilo que se procura inutilmente por outros caminhos". Retoma o pensamento de Santo Agostinho: no final deste percurso, notará com admiração: "Tu estavas dentro de mim, e eu fora. Lá, eu procurava-te. Deformado, lançava-me sobre as belas formas das tuas criaturas. Tu estavas comigo, mas eu não estava contigo". Daqui deriva o seu convite a cultivar a vida interior, para encontrar o que se procura: "Volta para ti mesmo. No homem interior habita a verdade" (Audiência Geral, 19 de outubro de 2022).

O real e o imaginário em nossos tempos: o sujeito contemporâneo e seus desafios

Vivemos em um mundo conectado em informações, que são captadas e assumidas tendo como referência o grau de afeto/emoção que vivenciamos no momento. Por isso, se tendemos a acreditar em algum fato, mesmo que se comprove o contrário racionalmente, acabamos deixando aquela primeira impressão imperar. Esse é o mecanismo de surgimento de negacionismos. Se a rede (ou a bolha) em que estamos inseridos afirma que a Terra é plana, não importa se os cientistas dizem o contrário. Estamos na era do "acredito, logo existe". A Razão tem andado sumida. Qual o problema dessa tendência?

O problema é quando estamos em uma democracia. Na democracia, o real deve prevalecer. Ao mesmo tempo, a diversidade. Em uma democracia madura, mesmo que tenhamos a maioria de seguidores de uma religião, é preciso que os adeptos de religiões com menor número de seguidores tenham seus direitos iguais. Por isso mesmo, o caminho da Democracia Direta, quando existe maturidade social e política, é o melhor. Na Suíça, por exemplo, existem 4 idiomas oficiais (alemão, francês, italiano e romanche). Não é porque o romanche (língua derivada do latim, muito próxima à sua origem) é falado apenas por menos de 1% da população, que os documentos oficiais não aparecem na referida língua também. Uma proposta atual que irá a *referendum* também indica essa posição: a proposta de obrigatoriedade do ensino religioso nas escolas. Curioso é que a maior parte da população não é mais praticante de alguma denominação religiosa (o cristianismo pela Europa, de um modo geral, não se oxigenou pelas novas realidades humanas, como o fez na América Latina). A proposta visa entender a diversidade religiosa trazida pelos refugiados, imigrantes, muitos seguidores do islamismo. É só quando entendemos os menos favorecidos e excluídos que podemos alcançar um ideal de sociedade justa e ética.

Como seguir o real e evitar paranoias? Elas podem vir de todos os campos, inclusive religioso. Devemos nos abrir às alteridades, aos outros. Sair de nossa bolha e entender outras formas de vida é um caminho. De vez em quando, dar uma volta em algum distrito onde a realidade é diferente da sede ou, para quem habita cidades maiores, deixar seu condomínio e "visitar" o centro da cidade (vivo, real).

O sujeito hoje vive uma transformação, buscando alterar o inesperado em algo previsível, submetido constantemente à sua vontade. Vivemos a era dos excessos. Nesse contexto, o excesso funciona sempre como irrupção de algo que foge do controle da vontade e que se impõe ao psiquismo como um corpo estranho. Dessa forma, a subjetividade se encontra diante de alguma instância que a ultrapassa. Diante desse cenário, a posição do sujeito é de apatia e consequente melancolia. No entanto, para dar conta desse problema, o psiquismo recorre à compulsão e à repetição, no intuito de circunscrever o caos. O que pretendemos com a repetição? Em um plano inconsciente, sua função é reproduzir o trauma, para que o psiquismo possa antecipar-se ao que não foi possível no passado. Aqui aparecem os sintomas, que não devem ser eliminados de forma abrupta, mas entendidos, nomeados e elaborados. O sintoma sustenta o sujeito. Por isso o risco que existe no consumo de medicamentos psicotrópicos de forma excessiva, pois o sintoma sai, mas com ele vai também o sujeito.

Hoje vivemos uma pobreza em simbolizações. As repetições são desprovidas de ideias e de elementos que possibilitem uma elaboração da subjetividade. Exemplo disso é o empobrecimento das manifestações estéticas, artísticas, ou a qualidade e profundidade das propostas literárias.

O real deve orientar o debate político, devendo estar em consonância com os direitos fundamentais. A fome, a miséria, a educação, a saúde (e as lições da pandemia) devem estar em nossa memória. Os alemães têm, em suas diretrizes curriculares, a obrigatoriedade de uma visita pedagógica a um campo de concentração. Por aqui, nossas visitas deveriam ser às antigas prisões de povos africanos escravizados, aos órfãos da COVID-19, às terras e dores de Brumadinho e do Bento e tantas outras feridas expostas da nossa sociedade. O amor só pode ser vivenciado em sua alteridade, de forma relacional. Não é possível de forma narcisista e individualista. Por isso, fica a lição do aniversariante da semana, São Francisco de Assis: "Onde houver ódio, que eu leve o amor".

As personalidades narcísicas, comuns à nossa época, demonstram características de insegurança, irrelevância e vazio interior, na fuga do espaço público, na espetacularização da vida, no ponto de vista resignado sobre o mundo, na renúncia à realização da vida e seu recuo para o ideal de sobrevivência social. Contra essa vida menor se ergue a figura do herói e seu sistema de idealizações, a experiência da vida como um teatro ou como um jogo e o valor onipresente e indiscutível da segurança. Queremos eliminar a dor e o sofrimento. Mesmo a dimensão da morte perde, aos poucos, seu caráter de espanto e reflexão. Seu simbolismo parece não ter mais espaço em um mundo pragmático. Diante do virtual, a morte se assemelha a uma ideia abstrata e distante. Como o contato com o real tem sido cada vez mais raro, as dimensões simbólicas igualmente se empobrecem. Paradoxalmente, a digitalização é "anestesiação" (HAN, 2022, p. 65). A dor acentua a autopercepção. Ela delineia o si. No virtual, simplesmente o "eu" e o "não-eu" se confundem. O sujeito se perde em figuras miméticas, vivendo uma característica de esquizofrenia. Sem a dor, surge o caos. Serão necessários cada vez mais momentos de experiências artificiais, sobretudo em lugares irreais, como o metaverso. A dor não é apenas uma manifestação fisiológica, uma sensação desagradável proveniente de um estado anômalo do organismo. Ao contrário, ela emerge da interação de corpos, mentes e culturas, construções simbólicas que elaboramos sobre ela. Podemos perceber facilmente que sentir dor supera a separação que tanto fazemos em nossa cultura: aquela entre corpo e mente. Ela afeta as duas dimensões de forma simultânea, atingindo a totalidade do ser humano.

Dor, sofrimento e liberdade psíquica

Dor é realidade. Percebemos primeiramente a realidade na resistência que dói. A anestesia permanente da sociedade paliativa "desrealiza" o mundo. A digitalização também reduz cada vez mais a resistência, leva ao desaparecimento do confronto contrariante. O contínuo "curtir" leva a um embotamento, a uma desconstrução da realidade.

Onde fica a liberdade e a identidade em um mundo dominado por algoritmos? O fato é que nossa liberdade está vinculada a elementos não apenas racionais e lógicos, reproduzíveis em níveis exponenciais, mas, sobretudo, vinculada a lugares onde não habitamos, inconscientes. A salvação da humanidade está relacionada à impossibilidade de reprodução de elementos inconscientes pela IA... Por outro lado, percebemos a constituição de um mundo de extremo empobrecimento simbólico e de pouco exercício da liberdade, pois está inserido em padrões construídos por mecanismos miméticos.

A espiritualidade pode estar caminhando em direções distintas nesse mundo, pode servir superficialmente a amenizar dores, portando sentido provisório à existência. No entanto, é possível também que sempre relembre ao ser humano que o Sagrado é um espaço de silêncio, e que essa dimensão humana não pode ser reproduzida.

Para Foucault, a loucura passou por um processo de desvalorização de sua capacidade de expressar a verdade na tradição ocidental. Essa desvalorização da loucura está ligada a um amplo processo na história do Ocidente, marcado pela oposição radical entre razão e desrazão. Nesse sentido, a desqualificação da loucura – que ocupava uma posição estratégica nesse embate – é uma clara marca do triunfo da razão sobre a desrazão no Ocidente. Com efeito, o campo da razão passa a ser o único qualificado a "dizer" qualquer coisa. Dessa forma, sendo a história da loucura o processo de produção da doença mental, ela é, ao mesmo tempo, a história da "suspensão da loucura como linguagem proscrita" (FOUCAULT, 1972, p. 579). Este movimento corresponderia a uma alteração drástica da cena social que compõe a loucura. Efetivamente, nos primórdios do século XVII, a loucura passa por uma restrição/exclusão da cena social, sendo confinada junto a outras figuras da marginalidade nos hospitais gerais. Este processo de tentativa de expulsão da loucura não só do registro razão-verdade como também de toda cena social possível culmina na criação, pela nascente psiquiatria do século XIX, dos asilos para os alienados. O asilo torna-se um espaço diferenciado para o trato exclusivo do doente mental, em oposição à circulação mais livre e trágica da loucura no Renascimento. Segundo Birman,

> [...] foi no espaço dessa oposição axial, isto é, no campo imantado entre razão e desrazão, que Foucault inscreveu a sua leitura arqueológica sobre a loucura, segundo a qual a transformação recente desta enfermidade mental seria, na modernidade, o apogeu desse longo percurso na cultura ocidental (BIRMAN, 2000, p. 36).

Dessa maneira, a objetividade não pode ser uma transparência que fala, de forma asséptica e desinteressada, a verdade da loucura, pois,

> [...] na realidade, ela [a objetividade] só se oferece exatamente àquele que está protegido dela. O conhecimento da loucura pressupõe, naquele que a apresenta, uma certa maneira de desprender-se dela, de antecipadamente isolar-se de seus perigos e de seus prestígios, um certo modo de não ser louco. E o advento histórico do positivismo psiquiátrico só está ligado à promoção do conhecimento de uma maneira secundária; originalmente, ele é a fixação de um modo particular de estar fora da loucura: uma certa consciência de não-loucura que se torna, para o sujeito do saber, situação concreta, base sólida a partir da qual é possível conhecer a loucura (FOUCAULT, 2002, p. 445).

Este é um mundo em que a experiência humana é impulsionada pela inevitabilidade, onde tudo parece atender à urgente necessidade que tudo sacraliza. Buscamos as distantes terras da infância e, na potencialidade ali resguardada – no encantamento desprovido de reservas, onde superamos o medo de transitar entre o dizível e o indizível –, encontramos maneiras de desfazer a obviedade existente. Somos convocados a adentrar pelas brechas da subjetividade, da liberdade individual, conscientes de que no império do necessário e do impossível não há sujeito, não há liberdade, tampouco há criação.

Embora não neguemos que os seres humanos tenham uma tarefa a cumprir, a luta pela ética é uma luta pela liberdade, ou seja, uma luta para que possamos experimentar nossa própria existência como possibilidade ou potência.

Violência e caos contemporâneos

Um dos grandes desafios de nossa época é pensar saídas para uma sociedade onde a violência parece não ter mais limites. É um fenômeno que cruza fronteiras e adentra instituições que seriam para promover a paz, como as escolas. É um equívoco pensar que esses fenômenos ganham mais espaço agora, pois o bullying, por exemplo, existe há décadas e foi cinicamente negligenciado no passado. No entanto, existe hoje um contexto distinto: estamos vivendo conexões extremas e nos afetamos mais por isso. Em uma sociedade fluida, agora os sentimentos são mais confusos e, nesse contexto, é como se os sujeitos vivenciassem "surtos possíveis" constantes. O caos e o imprevisível aparecem mais facilmente em um mundo de interações mais complexas.

As afetações ocorrem incessantemente, não temos mais momentos de vazio, que são fundamentais ao bom funcionamento psíquico. O desejo é o que nos constitui e ele pressupõe a falta. Se estamos completos e preenchidos, não temos desejo, estamos determinados. Nesse sentido, o infinito parece estar sufocado a perder sua condição. Preenchemos os espaços e não deixamos mais lugar para a transcendência, para o inefável. Como consequência, estamos cada vez mais empobrecendo as dimensões simbólicas. Apesar das conexões, vivemos também uma pobreza de simbolismos. O simbólico possui justamente a função de ligar o humano ao vazio, dizendo de forma não-absoluta sobre uma dimensão do vazio, do impossível, do infinito. Quando os elementos simbólicos são pobres, eles pretendem dizer acerca de tudo e acabam não dizendo nada substancial. A violência então se mostra uma saída comum. Quando não tenho símbolos para pensar a realidade complexa, o que resta é a ação impensada. "Do psiquismo à ação" passa a ser o circuito comum.

Na cultura do narcisismo não há espaço para o outro. O que vale é a vivência das próprias experiências do sujeito para criar melhores condições de exposição do seu "eu". Nessa tendência, não existe lugar para elementos fundantes do existir, tais como o amor, a amizade, o afeto, a gratidão, o perdão e o desejo. "O único interesse da cultura narcísica é delimitar o território limitado de sua existência à custa do gozo predatório sobre o outro. As individualidades não se afeiçoam mais aos corpos que lhes possibilitam prazer e gozo, meras mediações que são para o incremento das suas imagens narcísicas" (BIRMAN, 2019, p. 303). Os rituais perdem espaço, não há mais tempo para simbolizar o nascimento, a vida e a morte. O tempo humano se vai. O virtual intensifica esse caminho, afinal, nele não existe nem mesmo realidade. O que resta é a solução imediata, o tempo sobre o tempo, o desejo sobre o desejo. E assim, em um determinado momento, há uma quebra, uma ruptura, um ato violento, que nada mais é do que resultado de todo um processo muito antes iniciado. A violência não surge do nada, ela é o fim de um processo que precisa ser entendido em suas origens.

O ser humano delira estar em segurança, enquanto é só uma questão de tempo até que ele seja arrastado pelos elementos para o abismo. Nos tempos atuais, a sua vulnerabilidade é mais exposta do que nunca, está presente dentro de seu próprio eu narcísico até nas consequências do desrespeito ao meio ambiente.

Diversas formas de violência afetam os sujeitos. A tendência a eliminar a dor por elementos externos, sejam miméticos (livros de autoajuda) ou medicamentos psicotrópicos, porta excesso de artificialização. No entanto, a violência surge também como excesso de positividade no ideal de perfeição, de felicidade absoluta, de modelos a seguir.

O sujeito contemporâneo vive um desamparo, apesar de não se perceber nessa condição, pois neuroticamente encontra saídas. Ele procura gerenciar o desamparo de diferentes formas. As religiões, por exemplo, buscam fornecer essa saída. No entanto, essa saída parece fornecer infinitos desejos miméticos, sempre um mais-além definido, absoluto e certo. Uma certeza ideal, que se transforma em intolerância moral e mesmo em moralismos perversos. O incremento vertiginoso do consumo de drogas no Ocidente se funda naquilo que o discurso freudiano denominou "mal-estar na civilização". Este mal-estar se articula em torno da oposição entre as exigências da força pulsional e suas possibilidades psíquicas de satisfação, estas últimas sendo reguladas pela ordem simbólica. Essa oposição se caracteriza pela assimetria, na medida em que a pulsão é uma força constante inserida na ordem da continuidade, que para se satisfazer precisa inscrever-se na ordem da descontinuidade dos símbolos. Somente assim é possível para o sujeito a invenção de objetos capazes de promover a experiência da satisfação. Essa assimetria é a condição de possibilidade da angústia, já que indica permanentemente ao sujeito a sua condição estrutural de desamparo (BIRMAN, 2019, p. 242).

Conexão de afetos e tecnologias

É interessante notar também que passamos por transformações e mais tantas outras estão em curso. Talvez a palavra mais significativa desses tempos e dos próximos seja "ruptura". O mundo apresenta transformações lentas que em algum momento se tornam realidades comuns. A internet das coisas está aí, pouco a pouco vamos incorporando-a ao nosso cotidiano. Muitos analistas de tecnologia acreditam que o ano de 2025 será de mudanças impactantes à humanidade, pois a Inteligência Artificial deixará seu lugar de pesquisa, estudos e experimentos e se apresentará na prática. Reflexo desse fato será a realidade dos carros autônomos. As pessoas terão que aprender a lidar mais ainda com a sua subjetividade. Profissões repetitivas tendem a desaparecer, mas outras que dependem do emocional e do criativo crescerão (ou mesmo surgirão).

A sensação de muitos é que o trabalho agora não tem mais limite, as resoluções de problemas são entendidas a partir de flexibilidade máxima de horário. Antes da pandemia, já vivíamos em uma sociedade do cansaço, como dizia o filósofo sul-coreano Byung-Chul Han. Para ele, vivemos hoje em uma sociedade que nos leva à exaustão, cobramos em excesso de nós mesmos, a ponto de termos a sensação de inutilidade quando não estamos produzindo.

Hoje a pessoa explora a si mesma achando que está se realizando; é a lógica traiçoeira do neoliberalismo. E a consequência: não há mais contra quem direcionar a revolução, a repressão não vem mais dos outros. É "a alienação de si mesmo", que no físico se traduz em anorexias ou em compulsão alimentar ou no consumo exagerado de produtos ou entretenimento. A internalização psíquica é um dos deslocamentos topológicos centrais da violência da modernidade. Ela provê mecanismos para que o sujeito de obediência internalize as instâncias de domínio exteriores, transformando-as em parte componente de si. Com isso, exerce-se o domínio com muito menos desgaste. Também a violência simbólica é uma violência que se serve do automatismo do costume. Ela se inscreve nas coisas autoevidentes e naturais, nos modelos de percepção e de comportamento que se tornam hábito (HAN, 2017, p. 22-23).

O indivíduo busca a realização a partir de máxima produtividade, se alienando, nunca tendo possibilidade de refletir sobre seu próprio desejo. Aliás, algumas vezes ele procura um autoconhecimento para isso, mas já inserido em uma visão viciada de conceitos prontos da gestão (como inovação, proatividade, liderança, inteligência emocional). É uma busca em círculos, sem liberdade.

A ciência, a tecnologia e a inovação estão subordinadas a um modelo de sociedade pautado pela lógica do capitalismo. Por isso, a indústria 4.0 está aumentando a distância entre os conectados-integrados pela tecnologia e os desinformados-desintegrados sem condições de interação com a sociedade. As tecnologias digitais reforçam o *apartheid* do conhecimento (GASDA, 2022, p. 291).

Dessa forma, o mundo caminha para uma padronização ainda mais profunda, uma vez que a eliminação das diferenças e do outro interessa ao mercado. Por mais que tenhamos sociedades plurais, os modos de vida e de pensamento parecem se uniformizar, até mesmo os sentimentos e as patologias. "Quanto mais iguais são as pessoas, mais aumenta a produção; essa é a lógica atual; o capital precisa que todos sejamos iguais, até mesmo os turistas; o neoliberalismo não funcionaria se as pessoas fossem diferentes". O que temos hoje é um pluralismo permitido a alguns grupos, vivendo em seu padrão de consumo, em sua identidade e em suas respectivas bolhas.

É claro que o mundo apresenta diversas sociedades com características e tempos distintos. Não é razoável comparar culturas e tradições. Por isso, me detenho à sociedade brasileira, o que não deixa de servir para outras sociedades similares.

A pós-modernidade se mostrou como possível resposta ao desafio de fundamentar todo o conhecimento e a existência na razão. Então, como sustentar a vida sem fundamento? Se a modernidade pretende elevar a racionalidade no sentido da história e da vida humana, a pós-modernidade contesta a possibilidade desse empreendimento, o que não significa que a modernidade tenha perdido o direito à palavra ou não tenha a capacidade de mais nada contribuir (DENTZ, 2019, p. 21).

Mesmo que existam problemas e desafios enormes na contemporaneidade, há uma evolução de ideias e conceitos. As ideias de liberdade e igualdade não estão concretizadas, mas estão no horizonte. Mesmo que haja retrocesso (porque a História funciona em forma espiral), a evolução é inerente. No campo psíquico, há um enorme desafio de lidar melhor com um mundo acelerado e sem objetivos claros. Esse mundo apresenta um índice elevado de depressão, bem como muitas soluções (falsas) para ela. Mesmo assim, por que então mantermos o otimismo? Porque as soluções frágeis, como autoajuda, excesso de medicamentos e consumo, são soluções também perenes, que se esgotam rapidamente quando demonstram ser ineficazes em um período mais longo. No fundo, as pessoas começam a perceber que é preciso encontrar soluções em processos que fogem de fatores externos e miméticos, que as soluções estão próximas, mas são inconscientes. As tecnologias são transformadoras, sempre apresentarão elementos novos às sociedades, mas o humano prevalece.

O mundo virtualizado pode ser um grande problema e pode trazer sérias consequências para a saúde mental. O ser humano é feito de carne e osso, de corporeidade, de elementos reais e não imaginários. Assim, o excesso pode esconder grandes problemas e até mesmo traumas do passado. Por isso, tem crescido o número de adolescentes que se automutilam, pois o "corpo pede a conta". Por mais que tentemos viver exclusivamente (ou o maior número de horas possível) no mundo virtual, temos necessidades humanas básicas e fundantes da nossa existência. Necessitamos, antes de tudo, de afetos!

Temos aqui, portanto, o essencial: no mundo da técnica, ou seja, a partir de agora, no mundo todo, já que a técnica é um fenômeno sem limites, planetário, não se trata mais de dominar a natureza ou a sociedade para ser livre e mais feliz. Por quê? Por nada, justamente, ou antes, porque é simplesmente impossível agir de modo diferente devido à natureza de sociedades animadas integralmente pela competição, pela obrigação absoluta de "progredir ou perecer" (FERRY, 2012, p. 143).

Sofrimentos contemporâneos

Estamos sofrendo mais hoje?

Temos visto com frequência casos de pessoas que desistem da vida e que estão desiludidas com sua história e seu cotidiano. Sem dúvida, podemos concordar que o mundo em que vivemos não tem sido muito simples. São muitas conexões, informações, afetações. Diante desse cenário, muitos não estão dando conta de sua existência. Ansiedade, depressão, suicídio são realidades cada vez mais frequentes.

Não diria que podemos afirmar que estamos na pior época da História. Afinal, a História não é de muita paz, ao contrário, se mostrou sangrenta, violenta e cruel em diversos momentos e, ainda hoje, se mostra dessa forma em diversos cantos do planeta. Hoje temos avanços e desafios. Ainda assim, fica o questionamento: o que está acontecendo no tempo presente de diferente?

Me parece que a resposta central está na enorme conexão que temos vivido. Ao mesmo tempo, estamos muito fluidos, nossos sentimentos não se mantêm. Prova disso são os relacionamentos sérios cada vez mais escassos. As pessoas estão fugindo de responsabilidades e consequentes riscos. Se não me relaciono seriamente, não corro o risco de sofrer ou pelo menos esse risco é diminuído. Ao tentar evitar o sofrimento, caímos em uma armadilha, podendo até sofrer mais, em um futuro breve.

Por que estamos com mais medo? Primeiro, vejo que isso está intimamente ligado às nossas afetações em redes. Estamos sendo bombardeados por informações, imagens e histórias de todos, o tempo todo. Diante desse cenário, é uma tarefa árdua não se afetar e não se comparar. Estamos assumindo medos de tantos outros, vivenciando, mesmo que à distância e de forma projetiva, desejos e até traumas que não são nossos, que não possuem vínculo com nossa infância, nossa história de vida e nossos desejos reais. Ou seja, estamos sendo cada vez menos nós mesmos. Esse cenário é desafiador!

Por outro lado, dentro desse mesmo contexto, as soluções têm sido cada vez mais padronizadas. Os padrões sempre foram comuns, como, por exemplo, as tradições. Pessoas de uma mesma família seguiam quase os mesmos rumos na vida em décadas passadas. As pessoas eram, em termos de comportamento, até mesmo mais iguais. Ou seja, não havia sequer a possibilidade de vivenciar seus desejos, tampouco refletir sobre o tema. Muita gente viveu toda uma vida sem poder ser autêntico com si mesmo. No entanto, no passado sabíamos de menos realidades, de menos fatos e até mesmo da existência e da vida de menos pessoas. Por isso, os padrões poderiam sustentar emocionalmente, mesmo que fosse dentro de ilusões e fantasias não conscientes.

Diante de um cenário tão complexo, individualista, narcisista, de extremas conexões e afetações, as "soluções" e "caminhos" (ou "fugas") apresentados ao ser humano são pobres. Será possível elaborar nossos traumas e conhecer a nós mesmos por intermédio de amigos virtuais? Jogos online? Saindo da realidade? Correndo sem parar? Lendo livros de autoajuda? Tomando medicamentos? Vivenciando alguma compulsão? Nos isolando em um quarto? Buscando novas experiências gastronômicas? Viajando pelo mundo sem rumo? Trabalhando compulsivamente?

A promoção constante da performance na sociedade contemporânea tem suas bases na metapsicologia psicanalítica, mais especificamente naquilo que Freud chamou de "pulsão de domínio" nos Três Ensaios sobre a Teoria da Sexualidade. Essa pulsão implica não apenas o desejo de controlar o objeto para obter satisfação pessoal, sem considerar as consequências perturbadoras que isso pode causar no outro, como também busca impor crueldade e poder sobre o outro. Estamos lidando, portanto, com a presença explícita do sadismo, em que o sujeito deseja exercer ativamente seu poder sobre o outro.

O sentido da nossa existência deve ser bem refletido, a compreensão de nós mesmos nunca foi tão essencial!

Relações tóxicas

O ser humano busca se relacionar, somos seres da coletividade. Por mais que tentemos viver no isolamento, em algum momento desejamos o convívio. Mesmo os narcisismos contemporâneos possuem limites, em algum momento as pessoas deixam de viver a partir delas mesmas e clamam pela escuta, ainda que não exponham esse fato nas redes. A escuta costuma ser silenciosa e discreta.

Por outro lado, muitas vezes, relacionar-se é uma tarefa árdua. Pode trazer alegria ou sofrimento, mesmo que, a princípio, imperceptíveis. Em um mundo egoísta, as relações não estão passando de dimensões pragmáticas e utilitárias, em grande medida. Não é possível relacionar-se verdadeiramente com alguém por interesse, por afinidade apenas, por estar certo de fazer parte do mesmo grupo e estilo de vida e que não haverá choque, contradição e desafios. O relacionamento mais profundo parte da diferença. De forma parecida, também não podemos afirmar que um relacionamento renuncia à liberdade de escolha. Não é possível relacionar-se de forma saudável sem que tenha partido de um ato de liberdade. Por isso, muitas vezes as relações familiares são tóxicas, pois não partem de escolhas possíveis.

Gostaria de abordar dois tipos de relacionamentos essenciais ao ser humano e que têm sido vividos, em muitos casos, de forma tóxica hoje em dia. Primeiro, trata-se do relacionamento amoroso. Palavras ditas de forma violenta, padrões impostos e escuta pouco qualificada (ou inexistente) são elementos que propiciam relacionamentos tóxicos e abusivos. Hoje vivemos em um mundo de solidão, carências e ilusões. Por isso, muitas vezes as pessoas se entregam e aceitam um relacionamento como fuga, como espécie de salvação. No entanto, se deparam com frustrações e se afundam em depressão. O relacionamento tóxico é aquele que dita regras, que impõe padrões e que, constantemente, critica o outro. Por outro lado, todo esse processo é geralmente imposto de forma silenciosa e perspicaz. Até o momento em que aquele que é abusado atesta seu sofrimento e começa a entender todo o processo, leva tempo. Muitas vezes é preciso recolher e juntar os cacos. Críticas, nomeações, comparações, falta de interesse em escutar as singularidades, o mundo, a historicidade e as memórias do outro são sinais de abusividade.

Outro tipo de relacionamento abusivo que tem se alastrado em nossa sociedade é aquele vivido no ambiente de trabalho. Em um mundo de resultados práticos, muitas empresas e organizações esquecem que lidam com pessoas. Pessoas são feitas de afetos, de inconsciente, de não-ditos, de vulnerabilidades. Precisam ser compreendidas para estarem motivadas. Assim, formas arcaicas e violentas de gestão ainda persistem, mas não deveriam ter lugar no mundo em que vivemos. As pessoas estão tendo mais consciência dos seus direitos (até mesmo pela maior disseminação de informações) e dos processos que ocorrem. Dessa forma, percebem com maior facilidade a abusividade, pois, no caso do ambiente de trabalho, há cada vez menos transferência de afeto. Nesse sentido, cobrar, ameaçar, vigiar, dar privilégios a um grupo em detrimento de outro (a um gênero, por exemplo) é algo que deveria ser denunciado, constantemente. O problema é que, na maioria das vezes, esses casos ocorrem em pequenas e médias empresas, que permanecem despercebidas pelo grande público. Em grandes organizações, muitas vezes, há mais preocupação com desenvolvimento humano e profissionais preparados para lidar com o ser humano. É preciso entender que uma equipe eficiente é aquela em que cada um está no lugar onde seu potencial será mais efetivado e que as singularidades são atestadas. Não há lugar mais para chefes e sim para líderes que entendem de afetos.

O que devemos refletir sobre o suicídio?

O tema do suicídio desafia a humanidade. Um importante filósofo e escritor do século XX, Albert Camus, afirmava que esse seria o único tema verdadeiramente importante a ser discutido. Afinal, o fato de muitas pessoas desistirem da própria vida significa que alguma coisa não anda bem com a própria vida.

Vivemos em um mundo de muitas conexões. Estamos vivendo afetos de forma fluida, nosso psiquismo anda, em demasiado, inquieto. Existimos em um momento sem precedentes, pois a mente humana nunca foi tão exposta a afetações externas, tempestades de informações e imagens. Nosso inconsciente está sendo acessado e afetado de forma quase intermitente. A experiência da escuta na clínica psicanalítica tem mostrado que, cada vez mais, as pessoas estão afetadas por fontes semelhantes. Claro, essas afetações são somadas às vivências passadas, às cenas da infância.

Por outro lado, também as saídas contemporâneas têm se mostrado frágeis. Não vamos conseguir encontrar um caminho de paz através de compulsões e experiências diversas, incessantes. Compulsões são expressões de sintomas. É preciso "escutar nossos vazios". O caminho da reflexão deve ser retomado, urgentemente, mas com cuidado, saindo de narcisismos.

Duas reflexões importantes sobre o suicídio passam pela abordagem da melancolia e dos narcisismos primário e secundário. A melancolia pode ser entendida como um estado psicológico relacionado à perda do objeto de desejo e à dinâmica do sujeito em relação a esse objeto. Há uma relação intrínseca entre melancolia e suicídio. Na melancolia, a perda do objeto de desejo desempenha um papel significativo. O sujeito melancólico experimenta uma sensação de perda profunda, mas muitas vezes não consegue identificar claramente o que perdeu.

O sujeito deseja preencher essa falta, que está relacionada à ausência do objeto. A melancolia é caracterizada por uma sensação de vazio e falta que não pode ser satisfeita, levando ao sofrimento psicológico intenso. Há uma importância crucial da linguagem e da simbolização na constituição do sujeito. O sujeito humano é constituído por meio da linguagem, e a capacidade de simbolizar seus desejos e experiências desempenha um papel fundamental na saúde mental. Na melancolia, a incapacidade de simbolizar adequadamente a perda do objeto de desejo pode levar ao sofrimento insuportável.

Dessa maneira, em casos de melancolia extrema, em que o sujeito não consegue lidar com o sofrimento causado pela perda do objeto de desejo e pela incapacidade de simbolizar essa perda, o suicídio pode ser considerado como uma tentativa de escapar desse sofrimento.

Existe também uma relação do suicídio com os processos de narcisismos primário e secundário. O narcisismo primário está relacionado ao egoísmo e à falta de compreensão das necessidades dos outros. Em casos extremos, indivíduos com dificuldades em desenvolver narcisismo secundário podem ter um foco excessivo em suas próprias necessidades e desejos. Isso pode torná-los mais suscetíveis ao suicídio em situações em que enfrentam uma grande perda, rejeição ou desilusão, uma vez que podem ter dificuldade em lidar com a dor emocional de maneira saudável. O narcisismo secundário, quando bem desenvolvido, inclui a capacidade de formar relacionamentos interpessoais saudáveis e empatia pelos outros. Pessoas com um narcisismo secundário saudável podem buscar apoio social e ajuda quando estão passando por momentos difíceis.

No entanto, mesmo aqueles com narcisismo secundário podem estar em risco de suicídio, especialmente se enfrentarem uma série de eventos traumáticos, depressão clínica ou outros fatores de risco psicológico. É preciso entender, de uma vez por todas, que a pessoa que tenta tirar a própria vida busca, em última instância, tirar a dor. Saídas existem! É preciso escutar a dor! Não é saudável dizer que não há sentido para todo o sofrimento vivenciado pela pessoa. Essas palavras trazem culpa e mais dor. É preciso observar comportamentos melancólicos, palavras e atos. Incentivar a busca por profissionais do campo da saúde mental é o melhor caminho. No entanto, fica um alerta: muitas pessoas têm feito uso excessivo e irresponsável de medicamentos psicotrópicos, muitas vezes prescritos por profissionais. Muitos desses medicamentos alteram profundamente emoções, afetos, humor, pensamentos. Quando são retirados de forma aleatória ou tomados em dosagem excessiva, podem levar a surtos que, por sua vez, abrem espaço ao autoextermínio.

As relações parentais são sagradas?

No passado, muitos diziam que as relações entre pais e filhos eram sagradas. Independentemente do que acontecesse na vida, sendo cultivadas ou não, os filhos deveriam sempre seguir o que os seus pais diziam. Pais são humanos, portanto, podem errar e, mais do que isso, portar traumas do passado e simplesmente projetá-los nos filhos. É comum ver na clínica psicanalítica filhos que sofreram as consequências de relacionamentos abusivos com seus pais por motivos diversos. Alguns foram rejeitados, outros preteridos em relação a irmãos e outros sofreram consequência de comportamentos neuróticos.

Muitas vezes a pessoa segue um padrão de comportamento ao longo da vida que busca incessantemente o amor, o reconhecimento e o afeto. Eles raramente surgem. Certamente não nascem de onde não foram construídos. Aos poucos, as pessoas vão elaborando suas questões ditas e não-ditas, e compreendem profundamente que sua vida é singular, não deve ser mais alvo de expectativas ou patologias de seus pais. A postura de respeito, é evidente, deve ser mantida. No entanto, o exemplo, o caminho dito a ser seguido, não necessariamente deve ser realizado. Desejos de pais e filhos são diferentes. Pode beirar uma atitude de violência projetar frustrações próprias nos outros, sendo através da raiva ou mesmo da esperança. Os pais devem indicar caminhos, não impor rotas.

A presença de um pai ou mãe narcisista pode criar um ambiente emocionalmente carregado, onde os filhos podem se sentir como extensões dos desejos e expectativas dos pais, ao invés de serem indivíduos autônomos. O narcisismo parental pode desencadear um ciclo de perpetuação, onde os filhos crescem em um ambiente que valoriza a autoimagem acima de tudo, levando-os a desenvolver padrões semelhantes de busca por validação e reforço constante. A internalização das dinâmicas narcisistas parentais pode influenciar a formação da psicologia do *self* das crianças, resultando em uma batalha interna entre a busca por amor e a preservação da própria identidade.

O cuidado e o afeto são essenciais para pais e mães. Afeto é uma característica humana que deve vir junto à liberdade. O afeto gera liberdade, o cuidado gera responsabilidade. Dessa maneira, os pais podem inspirar, podem sugerir, podem relatar experiências e expor narrativas. Os filhos podem acolhê-las como horizonte de seu mundo, mas mantêm a liberdade de mudar o trajeto. Se o fizerem, está tudo bem.

Pais e mães narcisistas levam sofrimento profundo aos seus filhos. Nesses casos não há liberdade, mas apenas aprisionamentos, determinismos e culpas perversas e difíceis de serem desconstruídas.

Os filhos podem saber conduzir bem sua vida. É preciso, inclusive, reconhecer que podem fazê-lo de uma forma mais reflexiva, leve e sábia. Infelizmente, no passado, muitos estiveram presos a tradições fechadas e pouco conectadas, com baixa troca de conhecimento. Hoje, é possível avançar mais. Os desafios são grandes, mas é possível constituir famílias saudáveis a partir do reconhecimento do outro, sem comparações, projeções e perversidades impensadas. Aquele a quem amamos verdadeiramente precisa ser livre, com seus anseios e vulnerabilidades singulares.

Elaborar nossas afetações familiares é um caminho para o bem-estar mental. O sagrado violento não pode permear as relações. Muitas vezes, as relações estabelecidas posteriormente são mais sinceras e portadoras de bons afetos. A vida é constituída por relações, por isso é preciso cuidado, escuta e diálogo.

O sofrimento não é a dor

Enfrentamos dificuldades conceituais ao delimitar a fronteira entre dor e sofrimento. A psiquiatria e a fenomenologia convergem na semiologia para justificar a distinção entre os dois termos. Reservamos "dor" para afetos localizados em órgãos específicos ou em todo o corpo, enquanto "sofrimento" engloba afetos abertos à reflexão, linguagem, relação consigo mesmo, com os outros e com o sentido da vida. No entanto, a dor física pura é um caso limite, assim como o suposto sofrimento puramente psíquico raramente ocorre sem algum grau de somatização.

A segunda dificuldade reside na variedade infinita de formas de sofrimento. Podemos dividir os seus sinais em dois eixos: o relacionamento entre o eu e o outro, e o agir-sofrer. A primeira abordagem revela a intensificação do eu como um ser ferido e a separação em relação ao outro, evidenciada pela experiência de insubstituibilidade, incomunicabilidade, hostilidade percebida e até mesmo a sensação fantasiosa de ser escolhido para o sofrimento.

No eixo agir-sofrer, o sofrimento é entendido como a diminuição do poder de agir. Analiso quatro níveis de eficácia: fala, ação prática, narrativa e imputação moral. O sofrimento se manifesta como a falha em expressar, agir, narrar e se estimar como agente moral. Cada nível de poder e impotência revela a dualidade do eu intensificado e separado do outro. O sofrimento questiona e busca justificação, levando-nos a refletir sobre nós mesmos e nosso relacionamento com os outros. No entanto, essa busca é complexa e deve ser tratada com humildade e respeito pelo sofrimento humano.

Relacionamento saudável é conviver com diferenças: ninguém completa ninguém!

Estamos vivendo de forma hiperconectada. Cada vez menos temos escutado o silêncio, não temos dado espaço ao vazio. Por mais paradoxal que possam parecer essas afirmações, o humano se encontra em seus paradoxos. Somos, em nossa personalidade, constituídos por vazios e não-ditos. São neles que se configuram nossos desejos. Não seria possível estar no mundo, ser desejante, se fôssemos completos.

Eis o grande equívoco de nosso tempo: acreditar que somos ou seremos plenos! Pior: impor ao outro qualquer dimensão de perfeição. Nos relacionamentos amorosos é um fato comum. Muitas vezes, em relacionamentos com pessoas narcisistas, o outro deve se adequar ao desejo. Precisamos retirar de vez a ideia de que relacionamento é completude, ninguém completa ninguém, pois somos constituídos por incompletudes e nelas residem nossa liberdade, nossa singularidade. Dessa forma, relacionamentos sadios passam por admiração, inspiração e liberdade. Aprisionamentos e imposições e críticas são da ordem de relacionamentos abusivos.

É comum ver pessoas que querem impor aos parceiros ou parceiras regras ou estilos de vida aprendidos em sua tradição familiar originária. Diria mesmo que é um dos motivos mais comuns de fim de relacionamento que tenho percebido na clínica psicanalítica nos últimos anos. Relacionamento é aprendizado e construção nova, um novo ciclo e uma história singular se iniciam. Por isso, é fundamental que as pessoas tenham consciência de sua falta de abertura e de dificuldades de se relacionar devido a eventuais traumas do passado. Em nenhum relacionamento o que cada um viveu se apaga de forma instantânea. Se a pessoa viveu relacionamentos abusivos no passado, é provável que leve suas feridas ao novo relacionamento. Quando olhamos do lugar do abusador, ele provavelmente iniciará um novo relacionamento buscando uma nova vítima, uma pessoa que ressalte seu narcisismo, que tramite cegamente no seu desejo. O pior é que, nos relacionamentos abusivos, com pessoas narcisistas, aquele que sofre demora a perceber o que está acontecendo e aquele que impõe o sofrimento não considera que deva mudar, que deva se tratar, por exemplo. É comum que considere desnecessária qualquer intervenção terapêutica ou até mesmo se vanglorie do fato de trocar a terapia ou análise por alguma atividade física ou pelo álcool. O abusador não reconhece suas vulnerabilidades e dificilmente muda.

O relacionamento sadio passa pela construção de uma história em conjunto. É uma soma, não um complemento, tampouco a resolução de problemas, é a exaltação das diferenças e a capacidade de lidar com elas para além de tolerâncias. Relacionamento sadio não passa por vaidades, nem por padrões, mas por singularidades. Inspiração, desejos genuínos, vidas livres e cuidado, vulnerabilidades e imperfeições, eis os caminhos para o bem relacionar-se em nossos tempos.

Reflexões sobre a infância e a adolescência na contemporaneidade

A infância é um momento de grande importância em nossa existência. Durante muitos séculos, a criança foi vista como um "ser ainda não existente", como um período de vulnerabilidade que deveria brevemente ser superado. Assim, em boa parte da História, não existia a concepção de adolescência. A vida adulta deveria ser logo adentrada.

Sobretudo devido aos conhecimentos advindos da psicanálise, sabemos hoje que a infância é um período importantíssimo na formação da nossa personalidade. O que vivenciamos durante esse período nos marca, estabelece nossos desejos, gostos e características comportamentais. Podemos ressignificar diversos desses elementos, mas é preciso realizar um mergulho no passado. A infância é um imenso oceano. Não conseguimos resgatar muitas memórias, pois estão em um plano inconsciente. Mesmo que não percebamos, nos afeta.

Quem somos nós? Essa pergunta pode ser respondida, quase integralmente, pelo que vivemos na infância. Apesar de termos adquirido conhecimento e termos acesso a ele, enfrentamos enormes desafios. A sociedade mudou e a relação com as figuras paterna e materna também. As tecnologias também transformam a infância contemporânea. As crianças precisam de bons estímulos: fantasia, imaginação e encontros gradativos com o real, o concreto. A extrema virtualização pode trazer cenários de estímulos empobrecidos em todos esses campos.

O investimento narcísico da juventude atual foi limitado, em parte, devido à ausência dos pais, que delegaram à escola, em grande medida, a responsabilidade pela educação e afeto. O ambiente escolar tornou-se crucial na formação da personalidade e nas relações familiares. No entanto, esse vazio de afeto persiste, e surge a questão: quem é responsável por esse jovem? Seriam os pais, a escola, os amigos virtuais ou as instituições religiosas?

A família já não é mais o principal local para o desenvolvimento do afeto inicial. Na sociedade contemporânea, observamos a desconstrução da família nuclear e do patriarcado, um aspecto libertador. Instituições foram criadas para suprir a falta desse afeto infantil, uma socialização primária que deveria vir da família. A socialização secundária, que seria função das instituições, agora ocorre antes, com a escola substituindo o papel da família. Isso cria um dilema, pois essa mudança resultou em um "desinvestimento na criança". Essa falta de investimento se traduz em uma forma de "narcisismo negativo", levando a manifestações psicopatológicas como drogas, anorexia, depressão, compulsões e personalidade *borderline*.

A juventude de hoje, ao não receber reconhecimento simbólico adequado, enfrenta uma perda de identidade e fronteiras. A violência surge como uma maneira de afirmar sua posição e território, muitas vezes como uma fuga da melancolia. Lacan destacou a importância do "estádio do espelho" na formação da personalidade, onde nos diferenciamos dos outros ao nos reconhecermos como um corpo no espelho. Quando essa vivência é ausente, a pessoa vive de maneira experimental.

Paralelamente, vivemos na era do individualismo, onde estamos "conectados na desconexão". A pandemia não diminuiu a tendência ao individualismo; pelo contrário, o mundo virtual a intensificou. Houve uma maior exposição de cenas e imagens banais durante a quarentena. A necessidade de singularidade é imposta a todos; estar sozinho, não se vincular aos outros, tornou-se uma tendência. A vida gira em torno do próprio prazer, levando os sujeitos contemporâneos a evitarem relações significativas. Talvez seja necessário reconstruir a ideia de união e desunião, buscando uma aliança mais reflexiva e qualificada com os outros, livre de um horizonte narcísico.

Reflexões sobre a vida e a morte: um olhar profundo sobre a existência humana

A morte, um mistério insondável, continua a intrigar-nos. É um tema que transcende nossa compreensão racional, ancorando-se profundamente em dimensões espirituais e elementos de fé. Todas as discussões e escritos sobre a morte permanecem, no cerne, como meras especulações e devaneios. Nossa inabilidade em entender o que ocorre após a morte gera uma angústia existencial, uma vez que todas as nossas conjecturas sobre o assunto se situam fora do domínio do tempo e espaço, ultrapassando as fronteiras da vida tal como a conhecemos.

Não é minha intenção negar a possibilidade de vida após a morte; estou apenas ressaltando que tal conhecimento reside no reino do mistério e da esperança. O paradoxo da existência humana reside no fato de que nossa ignorância sobre o que acontece após a morte, embora cause angústia, também nos concede a liberdade. Se soubéssemos com certeza o que nos aguarda após a morte, nossa vida presente seria ditada por essa certeza, eliminando assim nossa liberdade de escolha. Nossa condição de finitude, apesar da angústia que traz consigo, é também a fonte de nossa liberdade, permitindo-nos fazer escolhas significativas e moldar nosso próprio destino.

O medo da morte se manifesta de várias formas. Primeiramente, há o medo do nada, do vazio que talvez nos aguarde após a morte. Imaginar uma existência sem nosso próprio eu, nossos corpos e sentimentos, sem a presença de entes queridos, é angustiante. Essa dimensão de vazio se assemelha à melancolia provocada por traumas passados, alimentando nossos temores mais profundos. Por outro lado, a morte também é vista como o fim das aflições e do sofrimento humano. É comum ouvirmos pessoas dizerem que a morte é um descanso do sofrimento, o término das dores físicas e mentais que experimentamos durante nossa vida. No entanto, essa ideia reconfortante é contrabalanceada pela incerteza do que pode vir depois. O medo do desconhecido nos leva a imaginar punições em uma vida após a morte, às vezes alimentando crenças excessivamente punitivas e culpas injustificadas.

Em última análise, nossa ignorância sobre a morte nos deixa com a esperança, uma esperança sem contornos definidos, sem objeto claro e sem fantasias. É uma esperança profundamente humana, enraizada na divindade de nossa própria existência.

Envelhecer e aproximar-se da morte não são processos fáceis. O corpo, antes robusto, gradualmente se torna frágil, lembrando-nos dolorosamente de nossa finitude. Nesse momento, é crucial nos apoiarmos uns aos outros, aceitando a inevitabilidade da morte como parte intrínseca da condição humana. Ao aceitar nossa humanidade em sua totalidade, podemos construir uma sociedade mais compassiva e empática.

É igualmente importante compreender que tentar desesperadamente afastar os sinais do envelhecimento e da morte nos priva das profundezas da experiência humana. Cada ruga, cada marca no corpo carrega consigo as histórias de nossa vida, nossos triunfos e desafios. Nosso corpo é o receptáculo de nossas narrativas, e, em seu envelhecimento, encontra-se uma beleza que transcende o físico. Nos olhos de alguém que viveu muitos anos, podemos vislumbrar uma beleza que se conecta com o sagrado e busca o significado mais profundo da existência humana. Ao aceitar e abraçar nossa própria mortalidade, podemos encontrar uma beleza que vai além dos limites da carne, uma beleza que reside na sabedoria e na aceitação serena da vida e da morte.

Transtorno de ansiedade

Um dos transtornos mais comuns atualmente é o de ansiedade. Em um contexto de saída da pandemia, é ainda mais perceptível na clínica. Por que esse tipo de transtorno se intensifica? Na vida cotidiana antes da pandemia, já presenciávamos um contexto bastante acelerado. Durante a pandemia, a vida desacelerou. No entanto, os recursos tecnológicos se tornaram muito mais acessíveis, inovações e soluções surgiram. Muitos desses recursos se mantiveram. Hoje, o que estamos presenciando é uma mistura da utilização frenética das tecnologias e suas conexões com as experiências vivenciais externas. É um circuito que se retroalimenta.

No transtorno de ansiedade, todos os eventos do mundo se tornam potenciais inimigos. Os acontecimentos se mostram perigosos, mas, ao mesmo tempo, inevitáveis. A sensação de falta de controle é constante e insistente. O desejo, que é o que nos conecta ao mundo, aparece como totalmente desfocado e intensificado ao mesmo tempo. Vivencia-se uma situação de desejar tudo, mas não saber o que deseja.

Freud demonstra, em seu importante texto "Inibições, sintomas e ansiedade", que a ansiedade pode apresentar um sinal inconsciente. "Tanto mais a geração da ansiedade limitar-se a um início meramente frustrado – a um sinal – tanto mais o estado de preparação para a ansiedade se transformará, sem distúrbio, em ação, e mais adequada será a forma assumida pela totalidade da sucessão dos fatos" (1976, p. 460).

O que acontece atualmente é que estamos cada vez mais conectados em afetos. Não somente sabemos de tudo, de todos, o tempo todo, mas essas informações portam angústia, ausências e propiciam elementos neuróticos. Esses aspectos servem como gatilhos comuns à ansiedade. Nesse estado, vivemos situações do futuro, sem desfrutarmos do presente daquele momento. É como se sempre esperássemos alguma coisa, sem saber o que é, por isso configura-se como um estado neurótico.

Quando esse estado se mostra contínuo e a pessoa o vivencia durante um longo período, é possível que, em algum momento, se transforme em um processo depressivo. Em última instância, quando a ansiedade é alimentada, seja por um elemento compulsivo ou alguma repetição, o sintoma está agindo. No entanto, esse processo tem prazo de validade. Em breve não haverá mais uma sustentação suficiente. A ansiedade tem um valor de mobilização psíquica, muitas vezes criativa, e só se torna patológica se as defesas que ela desperta confinam o indivíduo à repetição. Está presente em todas as desordens psíquicas, seja expressa diretamente nos sintomas, seja em segundo plano quando mascarada pelas defesas. No entanto, às vezes domina todo o quadro clínico, como é o caso dos ataques de ansiedade e transtornos de pânico, ansiedade generalizada ou fobias.

Como sair desse contexto catastrófico de aumento significativo de transtorno de ansiedade atualmente? Primeiramente, é preciso buscar compreender que se trata de um aumento relacionado ao contexto hiperconectado que estamos vivendo. É preciso evitar ou se relacionar melhor com a tecnologia, por exemplo, qualificando seu uso. Segundo, é necessário entender que o transtorno de ansiedade está mostrando algo, refere-se a algum trauma passado, que pode ter sido uma cadeia de eventos, significantes, neuroticamente estabelecidos.

Desvendando o luto: palavras para o inexprimível

No processo de luto, é como se estivéssemos fazendo um trabalho de redução simbólica, onde a pessoa que partiu se transforma naquilo que já foi. Isso é o que acontece quando nos sentimos tristes pela perda de alguém. Às vezes, essa tristeza pode se parecer com uma sombra que paira sobre nós.

Quando estudamos como as crianças lidam com a morte e o luto, podemos entender melhor como elas processam essas emoções. Para aceitar que alguém morreu, é importante perceber que a vida tem um fim, mesmo que isso seja difícil. A morte nos lembra que não podemos trocar coisas com a pessoa que se foi, como olhares, palavras ou gestos. Isso pode fazer com que nos sintamos tristes e vazios, como se algo importante estivesse faltando em nossas vidas.

Nesse processo, também é importante separar a causa da morte da nossa própria mortalidade, ou seja, aceitar que todos nós um dia também iremos morrer. Além disso, precisamos ter certeza de que a morte de alguém não traga de volta tristezas antigas que não foram resolvidas. Isso poderia ser muito difícil de lidar emocionalmente.

Infelizmente, hoje em dia, a morte muitas vezes é tratada como um assunto tabu, especialmente em hospitais, onde tudo é muito técnico e impessoal. Isso faz com que seja difícil dizer adeus ou criar rituais de despedida significativos. O simbolismo e a capacidade de simbolizar estão se tornando menos importantes em nossa sociedade, o que é uma pena.

A relação que temos com as palavras e a linguagem é algo único e especial, mas também pode ser solitário, assim como pensar na nossa própria morte. A literatura nos lembra desse vazio infinito, onde as palavras nunca podem realmente capturar completamente o que sentimos. É importante respeitar e explorar esses sentimentos trágicos e brutais para que possamos entendê-los melhor.

Na era pós-moderna, muitas vezes valorizamos a diversidade e as identidades únicas. Mas há perdas que nos fazem questionar se realmente houve vida, dependendo de como lembramos e reconhecemos essa vida. Isso nos lembra da pergunta que Freud fez sobre o que perdemos quando alguém morre. O luto é um processo complexo e muitas vezes doloroso, onde tentamos juntar os pedaços de nossa tristeza e encontrar um novo sentido na vida. É uma jornada de descoberta, aceitação e, finalmente, deixar ir.

Caminhos da Existência livre

Uma vida refletida

O ser humano parece ser determinado de diversas maneiras em sua existência: pela sociedade, através de regras e padrões; pelos outros, por meio de olhares que conceituam; pela vivência sem escolhas conscientes na infância. Além disso, não escolhemos diversas de nossas características, como relações familiares, corpo, condições sociais. No entanto, é possível reagir a diversas dessas tentativas de determinações.

Muitos dos processos que nos influenciam socialmente não controlamos e não percebemos em sua origem. O que nos resta fazer? Seguir padrões e determinações? Nos adequar ao que é proposta para evitar possíveis maiores sofrimentos? Hoje, além de todos os determinantes sociais do passado (mesmo que reconfigurados), temos os efeitos tecnológicos. Estamos conectados em rede, o que permite maior controle. Temos, no fundo, a falsa sensação de liberdade. Ainda assim, é possível ser livre? Sim, talvez mais do que nunca foi necessário refletir sobre a nossa própria existência e sobre a realidade que nos circunda. Nessa mesma sociedade em rede, temos visto cada vez mais pessoas seguindo seus afetos, de forma quase "instintiva", sem exercício da racionalidade e da reflexão. O ser humano tem agido constantemente sem pensar, seja acreditando em falsas intuições, seguindo padrões e modelos comportamentais ou mesmo reagindo aos afetos primários.

Ainda somos livres! O caminho de aprofundamento da nossa liberdade é a reflexão. Refletir sobre nosso eu (e não-eu) não pode ser algo compulsivo. O nosso agir esconde sintomas e elementos não-refletidos, criando uma sensação de liberdade frágil, que necessita cada vez de mais estímulos. Também não vamos nos encontrar com nós mesmos simplesmente tendo experiências novas e significativas todos os dias. O cotidiano significativo pode estar na atenta contemplação do nosso redor, na pura simplicidade, mas profundamente belo.

Uma das piores constatações acerca do ser humano é quando percebemos que ele viveu uma vida toda com pouca reflexão. Seguiu no fluxo, nas correntes, nas tendências. Não foi ele mesmo. Há possibilidade sempre de mudança e ressignificação, mas muitas vezes não é tão simples devido às circunstâncias e consequências da própria realidade. Por isso, a reflexão pode levar a mudanças pequenas, mas significativas e profundas.

Durante a pandemia, muitos sofreram com as mudanças impostas brutalmente. As compulsões e experiências tiveram que mudar, sem elas, a vida parecia ter menos significado. Por outro lado, algumas pessoas tiveram a sensação de reencontro consigo por meio do processo de desaceleração da vida. Naquele momento seria possível refletir mais sobre si mesmo, sair do fluxo. Na pandemia ou após ela, podemos sempre refletir e nos encontrar.

Somos livres? Sim e não. A liberdade é uma condição. Escolhemos sempre, mesmo quando não escolhemos. As escolhas criam caminhos que seguimos desde então. Nossa vida vai sendo traçada. De fato, uma vida feliz é uma vida com olhares resilientes e com sensação de ter tido caminhos com sentido. Seguir o fluxo traz a sensação de inautenticidade e de que não fomos nós que percorremos a estrada. A beleza e a paz podem vir da constatação de que ainda estamos caminhando e, por isso, podemos mudar e criar direções.

O saber filosófico

Uma verdade é uma multiplicidade que se compõe das consequências de um evento e que se encontra então suspensa a um ser infundado. Assim, trata-se de saber de que maneira é essa multiplicidade paradoxal que chamamos de verdade. A beatitude é o nome da felicidade que prodigaliza o ser enquanto ser, desde que tomado na linha de sua pureza. Depois de uma teoria do ser, uma teoria do estar-aqui se faz necessária. Os afetos subjacentes são, sem dúvida, de maneira prioritária, o prazer da obra de arte e a alegria do amor, porque tanto um como o outro estão profundamente ligados ao gozo de uma ou várias relações.

A felicidade é, ao mesmo tempo, uma subjetivação intrainfinita do infinito, e que ela é compartilhada, no sentido em que minha subjetivação "não é" ao do outro sem, no entanto, contradizê-la, visto que a negação é, nesse caso, paraconsistente.

A filosofia lida com esses paradoxos. Ela é, entre outras coisas, uma área de saber do singular, que parte da convicção de que existem várias verdades. Daí, ela é conduzida em direção a um imperativo, uma visão de vida. Que visão é essa? O que tem valor para um indivíduo, o que lhe oferece uma vida verdadeira e orienta sua existência, é fazer parte dessas verdades. Isso supõe a construção, bem complexa, que permita circular no meio delas, torná-las compatíveis. A filosofia é um trajeto. Logo, ela vai da vida que propõe a existência das verdades até a vida que faz dessa existência um princípio, uma norma, uma experiência. Ela propõe uma triagem na confusão da experiência, de onde ela tira uma orientação. Essa elevação da confusão para a orientação é a operação filosófica por excelência.

Podemos afirmar que a filosofia possui três funções fundamentais. É um diagnóstico do momento histórico, demonstrando que determinado espírito de época é configurado; uma construção, a partir dessa proposta contemporânea, de um conceito de verdade; uma experiência existencial relativa à vida. Se um pensamento existe, também existe a eternidade de uma experiência terrestre, a de uma imanência à verdadeira vida. O pensamento que afirma é, ao mesmo tempo, sua própria negação.

O filosófico e o poético

A filosofia de Paul Ricoeur é notável pela maneira como incorpora elementos poéticos em sua abordagem. Ricoeur, um pensador francês do século XX, destacou-se por suas contribuições significativas à fenomenologia, hermenêutica e teoria narrativa. Sua busca pela compreensão da experiência humana envolveu uma exploração cuidadosa da linguagem, da narrativa e da capacidade de interpretação. Ele reconhece o poder da metáfora na construção de significado. Assim como na poesia, onde as metáforas expandem a compreensão e provocam novas imagens, Ricoeur destaca a importância das metáforas na linguagem filosófica. Ele vê na linguagem uma riqueza simbólica que vai além do simples significado literal, permitindo a expressão de experiências mais profundas.

A ênfase de Ricoeur na narrativa é poética em sua essência. Ele explora como as histórias não apenas refletem, mas também moldam a identidade humana. A vida é concebida como uma narrativa em constante desenvolvimento, com eventos e experiências sendo entrelaçados para formar a trama da existência. Essa abordagem ressoa com a natureza construtiva da poesia, onde as palavras formam imagens e significados.

A reflexão de Ricoeur sobre o tempo e a temporalidade é permeada por um tom poético. Ele explora a ideia de espera e paciência como elementos cruciais na experiência temporal. A espera é um espaço carregado de possibilidades, semelhante à expectativa poética que aguarda a revelação de significados mais profundos. O tempo, para Ricoeur, é um tecido narrativo que se desdobra. A noção de alteridade, a compreensão do outro, é abordada poeticamente por Ricoeur. Ele examina como o encontro com o outro se desdobra em um diálogo complexo de reconhecimento e compreensão. Essa abordagem ressoa com a sensibilidade poética que busca compreender a experiência subjetiva do outro e, assim, ampliar nossa própria compreensão.

A hermenêutica, central na filosofia de Ricoeur, é uma forma de interpretação que compartilha afinidades com a leitura poética. A interpretação não é vista como uma busca por uma verdade objetiva única, mas como um diálogo criativo com o texto ou a experiência. A multiplicidade de interpretações, semelhante às diversas interpretações de um poema, é valorizada por Ricoeur. Ao incorporar elementos poéticos em sua filosofia, Paul Ricoeur enriquece a compreensão filosófica, proporcionando uma abordagem mais sensível, imaginativa e reflexiva da condição humana. Sua obra transcende os limites tradicionais da análise filosófica, incorporando a beleza, a complexidade e a riqueza da experiência poética.

Quais experiências são para mim?

No mundo em que vivemos parece que as pessoas estão cada vez mais buscando vivenciar experiências diversas, incessantemente, mesmo que não saibam o porquê, para quê e nem como sairão desses eventos experimentais.

Nem toda experiência é para todos. O que mostra a riqueza do ser humano é justamente sua diversidade. O que é para um, não é para outro. Assim, todo mundo deve visitar, por exemplo, Las Vegas para ser feliz? A não ser que a pessoa seja viciada em jogos ou em um universo criado e fantasiado no meio do deserto, não! Aliás, se tiver alguma expectativa com jogos, poderá ainda sair mais frustrada (e com menos dinheiro). A experiência em um lugar, como turista, está mais relacionada às vivências anteriores da pessoa e de seus reais desejos. Na maioria das vezes, lugares glamourosos servem para gerar curtidas nas redes sociais e elevar (falsamente) o ego.

Não é verdade, cara leitora, caro leitor, que precisamos experimentar um pouco de tudo do que nos é ofertado ou do que é possível na vida. Precisamos experimentar o que é para nós. A vida é curta para perdermos tempo em lugares que não estão próximos à nossa identidade. E aqui temos uma constatação lamentável: a maioria das pessoas se perde em caminhos irreais e seguem falsas trilhas.

Alguém pode estar se perguntando: como saber qual é o meu caminho? Alguns pontos são relevantes nessa descoberta. Primeiro, um caminho do desejo genuíno é um caminho de liberdade. Tudo aquilo que nos aprisiona esconde sintomas e traumas. O nosso desejo combina com um ser livre.

Por outro lado, aquilo que nos é próprio deve ser algo do qual temos constante pensamento e imaginação. Por exemplo: quando somos realizados em um trabalho ou em uma atividade profissional, temos vontade de desenvolver mais e mais e imaginamos horizontes bons, apaziguados e positivos. De forma parecida, se temos desejo verdadeiro em nos relacionarmos com uma pessoa, queremos estar ao seu lado frequentemente. O desejo encontrado, reconhecido e elaborado gera liberdade, gratuidade e leveza.

Por isso, aqueles que se perdem com frequência apelam para sentimentos e atos negativos. São pessoas que enxergam a vida de forma pessimista, colocam a culpa de seu destino em alguém e é muito comum que ajam de forma destrutiva (física ou simbolicamente) em relação aos outros.

Dessa maneira, é urgente que saibamos fazer "boas leituras" nós mesmos. Quem não se entende, erra frequentemente. Com isso, podemos diminuir consideravelmente a culpa diária que carregamos. Nenhum caminho é seguro, nenhuma trilha promete nada. Precisamos nos encontrar no meio das opções e da variedade quase infinita de trajetos!

A diferença entre felicidade e satisfação

O tema da felicidade tem sido explorado por filósofos e escritores ao longo de séculos. Sempre foi considerado um assunto fundamental para a humanidade, afinal, o que poderia ser mais importante do que buscar a felicidade? Em última análise, todas as nossas ações diárias e aspirações de vida estão intrinsecamente ligadas ao ideal de alcançar a felicidade. Não realizamos tarefas com a intenção de nos tornarmos infelizes, pelo menos não conscientemente.

De tempos em tempos, testemunhamos transformações profundas no mundo em que vivemos, mesmo que muitas vezes não tenhamos uma compreensão clara desse processo, pois estamos imersos nele. Essas mudanças sempre carregam uma promessa subjacente. Por exemplo, considere as revoluções tecnológicas em andamento: elas trazem a esperança de melhorar o trabalho, aumentar o conhecimento e impulsionar avanços científicos que, em algum momento, podem até sugerir a superação da própria morte. Essas mudanças trazem consigo uma sensação de esperança, mas também podem ser ilusórias em muitos casos.

A dinâmica da felicidade é semelhante à natureza das novidades temporais: ela é sempre uma celebração do que antes era inatingível. O que era impossível se transforma em uma possibilidade. O desejo se manifesta quando damos um nome a ele. Quando essa nomeação é bem-sucedida, já podemos sentir os primeiros sinais de felicidade. Nesse momento, experimentamos a "alegria do impossível". Pode-se afirmar que a felicidade é como a aparição do potencial que cada indivíduo descobre em si mesmo. A idealização passa a ser simbolicamente desejada, criando laços com o objeto de desejo. O sofrimento, por outro lado, é o processo que confirma que o ideal nunca se tornará realidade.

A verdadeira felicidade de um indivíduo reside na sua autodescoberta, na revelação de sua capacidade de realizar algo que ele antes não reconhecia como possível. Nesse contexto, toda manifestação de felicidade é uma vitória, ainda que momentânea, sobre a inevitabilidade da finitude. É importante fazer uma distinção crucial entre "felicidade" e "satisfação". Experimentamos satisfação quando percebemos que nossos interesses pessoais estão em harmonia com as circunstâncias que o mundo nos oferece. Portanto, podemos dizer que a satisfação é determinada pelas regras do mundo e pela consonância entre nossa própria identidade e essas regras. A satisfação, paradoxalmente, pode ser vista como uma espécie de "morte subjetiva", uma vez que limita o indivíduo à sua conformidade com o mundo como ele é, impedindo-o de se tornar o sujeito que poderia ser.

Por outro lado, a felicidade está enraizada na afirmação de si mesmo, na capacidade criativa, na singularidade e na busca do novo. Ela não se resume à possibilidade de cada um encontrar satisfação, nem se reduz a uma abstração de uma sociedade ideal onde todos estão satisfeitos. A felicidade é a subjetividade de uma missão desafiadora: lidar com as consequências de um evento e descobrir, no âmago da existência em nosso mundo, as oportunidades proporcionadas pelo real afirmativo, cuja essência estava oculta sob a negação prevalecente deste mundo. Em outras palavras, a felicidade consiste em desfrutar da existência criativa de algo que, à luz do mundo, parecia impossível.

Dialogar e escutar para conhecer

Estamos vivendo no "mundo do instantâneo". Cada vez mais as pessoas vivem de forma acelerada. Algumas pesquisas recentes mostraram que, com frequência, jovens têm assistido a séries e escutado *podcasts* em velocidade 2. Na maioria dos cantos do planeta, as pessoas estão, a todo momento, em todo lugar, com fones de ouvido e "ligadas" no *smartphone*. Jovens, adultos e crianças não conseguem mais ficar no vazio, sempre estão conectados.

Nesse cenário, a memória parece reter pouco. Com muita informação, passamos superficialmente por dados rasos. Temos muitos dados, mas poucos que alcançam algum nível de racionalidade. Nossa capacidade de pensar racionalmente, de analisar e interpretar fatos está em baixa. Com o excesso de informações, somos afetados, mas quase sempre em camadas muito superficiais. Somos afetados em uma dimensão já estabelecida de pensamentos e afetos, apenas acrescentamos superficialmente novas experiências. Por mais que pensemos que estamos na era das experiências, a maioria delas é muito efêmera e pouco transforma, efetivamente.

Perdemos elementos mais fundamentais à nossa condição humana: o diálogo e a escuta. Não podemos alcançar um nível de conhecimento razoável se não estivermos abertos a novos aprendizados. Esse processo, necessariamente, passa pela escuta, pelo diálogo, pelo entendimento do diferente. Queremos informações rápidas. Achamos que já sabemos o que o outro irá falar e o que ele efetivamente pensa. Da mesma maneira, acham que podem saber sobre tudo escutando um bom *podcast* ou mesmo lendo opiniões no *Twitter*. O conhecimento é um caminho dialético, de altos e baixos, de afirmações e negações, de construções e desconstruções.

Nesse contexto, no Brasil temos ainda um desafio adicional. Com o Novo Ensino Médio, nossos alunos buscarão cada vez mais o caminho mais prático e fácil. Confrontar teorias e conteúdos difíceis, diferentes, que exigem o deslocamento do lugar comum, para quê? Em um mundo ágil e prático, parece não fazer sentido buscar o difícil. Corremos o risco de formar gerações ainda menos críticas e com menos ainda conhecimento. A ignorância e a superficialidade podem rondar gerações futuras.

Escutar o outro também tem sido raro. Muitos acham que já sabem o que o outro vai falar e todo seu pensamento e sentimento em apenas uma frase, ou já possuem uma imagem mental daquela pessoa e não conseguem escutá-la para além dela. O diálogo, no entanto, é essencial ao bem comum. Sociedade sadia é aquela que tem no diálogo uma prática cotidiana. Podemos aprender muito escutando pessoas que trazem experiências únicas e diferentes pontos de partida e de vista. Até mesmo quando discordamos do outro, é um bom exercício compreender o caminho do pensamento realizado por uma pessoa. Só assim conseguiremos superar estereótipos e preconceitos. Um dos maiores equívocos humanos é achar que o mundo em que vivemos ou a nossa realidade (a nossa atuação profissional, o nosso conhecimento, nossas experiências) é a única (ou a mais) verdadeira. A verdade apresenta caminhos diversos.

O sofrimento enquanto condição humana

O Livro de Jó nos lança de forma contundente a um desafio teológico-existencial intrigante: como pode um homem justo sofrer, não por obra do demônio, mas, de maneira exclusiva, da condição humana? Girard (2009, p. 9) destaca que Jó nunca menciona Satanás em seus diálogos; nem ele, nem seus feitos malignos. Pode ser que esses elementos estejam tão arraigados em sua mente que os referir se torne desnecessário. Contudo, Jó aponta para algo mais profundo do que uma simples alusão. Insistentemente, ele atribui a causa de seu infortúnio a algo que não é divino, satânico ou material, mas estritamente humano. O sofrimento de Jó se revela claramente: o ostracismo social, a perseguição daqueles ao seu redor. Mesmo sem ter praticado mal algum, todos o abandonam. Jó chega ao extremo de antever uma morte violenta, imaginando a efusão de seu próprio sangue: "Ó terra, não cubras meu sangue, não encontre meu clamor um lugar de descanso!" (Jó, 16,18).

Gustavo Gutiérrez (1986, p. 33) destaca a universalidade da experiência de Jó: "O poeta busca fazer de Jó um caso típico; um porta-voz não apenas de sua experiência pessoal, mas da humanidade como um todo." Lytta Basset (1995, p. 51), teóloga suíça, enfatiza que Jó descreve seu sofrimento de maneira nítida. Sem cometer nenhum mal, ele se vê abandonado por todos. A dor de Jó é imensurável, sem relação de causalidade, tanto no passado quanto no futuro, pois não há compensação. Diante desse sofrimento excessivo, qualquer palavra se torna impraticável: "Nenhum falante lhe falará, pois veem quão grande é a dor em excesso" (Jó 2,13). Jó transcende sua condição histórico-temporal e sua identidade como vítima real.

Basset (1995, p. 52) explica que Jó é mais do que um personagem real; ele é um personagem verdadeiro, cuja essência vai além de sua história, buscando algo mais profundo do que ele tenta expressar sobre si mesmo. Sua verdade reside no intervalo entre o silêncio absoluto e o surgimento da palavra, refletindo o excesso de vida, o mal e a falta de sentido que ressoa no leitor. Jó continua a falar de si ao longo de todo o livro. O autor, ao retratar o abismo do sofrimento de Jó, coloca o leitor diante da impossibilidade de se comunicar nessa situação extrema. Enquanto Jó se expressa em monólogos, seus amigos apenas falam sobre Deus, evitando o diálogo verdadeiro com Jó.

Surge a pergunta: é possível falar de Deus no abismo do sofrimento? O autor parece não querer destacar a realidade do mal em si. À primeira vista, Jó parece apenas amaldiçoar sua existência, mas, em um segundo momento, percebemos elementos de sua experiência pessoal por trás de suas palavras autodestrutivas, elementos que escapam da razão e não podem ser comparados a nenhuma outra experiência. A única comparação possível encontra-se no universal. O abismo, um lugar inacessível temido por Jó, representa o mal máximo apresentado à existência humana, denominado por ele como "a profunda obscuridade do dia".

Para Girard, Jó é o modelo obstáculo da teoria mimética, suscitando o ressentimento nietzschiano. A admiração por Jó inevitavelmente se transforma em ódio implacável, especialmente entre pessoas socialmente próximas. Os amigos de Jó, ao evocar sua antiga glória, o fazem não por razões semelhantes às dele, mas para lhe ensinar uma lição cruel e irônica, aproveitando o contraste entre seu passado e presente. A inveja só surge quando os seres humanos imitam reciprocamente seus desejos em condições de igualdade, alimentando rivalidades miméticas. A inveja e o ódio se propagam rapidamente, transformando-se pela mudança do modelo em obstáculo, causando escândalo devido a essa metamorfose. Quanto mais o deserto se estende em nós, maior se torna a tentação de incriminar o real, ou o próprio Deus ou o próximo: o primeiro "Jó" que aparecer.

Nas palavras de Girard (2009, p. 76): "Num universo de desejo mimético, todos os indivíduos tendem a se expulsar uns aos outros – portanto, a si mesmos – para diferentes tipos de desertos. Se observarmos esse parentesco secreto entre as situações individuais, essa alienação idêntica em todos e que isola todos de todos, compreenderemos sem dificuldade que o apetite por violência cresce e pode finalmente se saciar no momento em que a tendência global à uniformidade favorece as substituições e as polarizações miméticas sobre uma vítima qualquer, ou talvez sobre uma vítima não completamente qualquer, uma vítima mais exposta, por estar em maior evidência, uma vítima predestinada, de algum modo, por sua posição excepcional na comunidade... como Jó."

A própria linguagem tende a opor o mimético ao espontâneo, concebida para garantir a exclusão recíproca dos comportamentos religiosos e não religiosos. Imaginada para manter o desconhecimento dos mecanismos vitimários. Girard (2009, p. 119) ressalta: "O livro de Jó dá a prova dessa limitação das ciências do homem: a invisibilidade do fenômeno central literalmente nos dilacera os olhos, mas foge sempre dos métodos de investigação leigos, tanto quanto das teologias ainda excessivamente sacrificais, aqueles se situando sempre no prolongamento destas. O mecanismo do bode expiatório é certamente diferenciador, na medida em que produz a diferença original; ele reconhece Jó no papel de culpado, faz dele o bode expiatório em meio a todos os seus pares miméticos, seus irmãos inimigos, que se dizem amigos; mas ele não é diferenciado no sentido das formas rituais e pós-rituais que poderiam brotar dele se tudo concorresse para isso. É por isso que ele escapa dos modos de conhecimento rituais e pós-rituais dos quais nossa época ainda não escapou. Ele aparece como um monstro que se assemelha a muitas coisas ao mesmo tempo para constituir apenas uma aos olhos dos métodos de análise que derivam dele."

Gutiérrez (1986, p. 32) levanta uma questão crucial sobre a mensagem do Livro de Jó: seria possível para o ser humano manter uma fé desinteressada em Deus, desvinculada de expectativas de recompensas ou do temor de castigos? O teólogo peruano questiona de maneira incisiva: há alguém capaz de afirmar sua fé em Deus e falar livremente Dele mesmo diante do sofrimento injusto? O satã, e todos aqueles que enxergam a religião de maneira mercantil, negam essa possibilidade. No entanto, o autor, ciente da dificuldade que o sofrimento humano representa para uma fé autêntica em Deus, acredita no contrário. Jó, como personificação de suas próprias experiências, personifica essa capacidade. Do ponto de vista teológico, o perdão emerge como um antídoto ao sacrifício e à subsequente mimese.

Assmann (1991, p. 164) explica que perdoar a dívida implica também perdoar os cumprimentos da lei, transcendendo os sacrifícios humanos. Isso não implica automaticamente uma sociedade sem leis, mas sim discernir a lei a partir de uma justiça que antecede as leis e é expressa pelo amor ao próximo. Essa justiça consiste em viver considerando a possibilidade de vida para todos os outros. Ao contrário, a justiça baseada no cumprimento da lei não consegue alcançar isso; na verdade, destrói essa justiça. Portanto, para atingir tal justiça, as dívidas estabelecidas pela lei devem ser perdoadas. Essa ideia é ilustrada pela concepção da linguagem como definidora do ser, como discutido anteriormente. Esse conceito constitui uma violência contra a vida, desconsiderando a dimensão instintiva, indeterminada e dionisíaca que caracteriza a vida humana.

Mosé (2005, p. 41) destaca que, ao considerar a razão como a instância suprema, a vida é submetida a avaliações. O corpo, o campo de batalha de instintos e paixões, é negado pela razão. O conhecimento, no sentido socrático, representa uma negação da vida ou das forças que a constituem. O conhecimento não é algo natural ao ser humano, mas algo criado para possibilitar a vida. O medo do desconhecido gera inquietação no homem, deixando-o à mercê do acaso. Nietzsche (1985, p. 56) ressalta: "Com o desconhecido vem o perigo, a inquietação, a preocupação; o instinto primário corre para eliminar esses estados penosos. Primeiro axioma: qualquer explicação é preferível à ausência de explicação". Portanto, o conhecimento não é um instinto natural do ser humano; é, na verdade, um impulso em direção à afirmação da vida. O ser humano possui um instinto de crença no conhecimento e na verdade. A relação intrínseca entre linguagem, verdade e conhecimento é evidente; a linguagem possibilita o ato de nomear as coisas, permitindo a distinção entre verdade e mentira. Conhecer significa, portanto, saber o nome de cada coisa. Esse conhecimento está fundamentado em convenções ou ilusões, necessárias para tornar a vida suportável.

Machado (1984, p. 58) observa que a vida precisa de ilusões, de não-verdades consideradas verdades. O problema surge quando o homem toma suas criações como verdades absolutas, transformando o conhecimento em um meio de dominação da vida (MOSÉ, 2005, p. 46).

Nietzsche (1983, p. 47) argumenta que apenas através do esquecimento o homem pode supor que possui uma "verdade". A proposta do filósofo não é negar o conhecimento de forma absoluta, mas encará-lo como uma criação humana, fluida e maleável. O conhecimento, conforme Nietzsche (1983, p. 47), é uma invenção dos animais inteligentes para permanecerem na existência por pelo menos um minuto. Portanto, o conhecimento deve ser situado entre uma pluralidade de valores, sem privilégios particulares (MACHADO, 1984, p. 48). Negar o conhecimento, no sentido socrático, possibilita a afirmação da tragédia da vida. Com a morte de Deus, o mundo se abre para interpretações diversas, nenhuma das quais é tomada como verdade única e absoluta. O desafio é imergir no universo do devir da vida para interpretá-lo. Em uma perspectiva niilista, a natureza é vista como um monstro implacável que devora um ser grandioso e inestimável, um ser que valia mais do que toda a natureza e suas leis. Esse quadro representa uma força obscura, insolente, absurda e eterna à qual tudo está subordinado, transmitindo-se involuntariamente ao ser humano (LARANGÉ, 2002, p. 457).

Se o abismo representa o mal que conduz Jó à "profunda obscuridade do dia", é viável contemplar as palavras que precedem essa noção de abismo. Em contraste com o abismo, emerge a declaração da criação: "Esse dia que sejam trevas!". Contudo, Deus já não se revela ao homem. Assim como na dor intensa que desemboca na depressão, a realidade externa se obscurece. Outro mecanismo autodestrutivo é a concepção de que a única saída para o enfermo é amplificar seu próprio sofrimento, numa tentativa desesperada de encontrar significado na dor.

A espiritualidade e a escuta

A subjetividade construída no início da modernidade possuía seus fundamentos nos conceitos de interioridade e reflexão sobre si mesma. Na pós-moderna, a externalização e a estetização ganham terreno. Em última instância, um genuíno diálogo entre o teológico e o psicanalítico pode resultar no resgate da dimensão relacional, para além da polarização interioridade/exterioridade.

A ênfase radical na interioridade resultou em um esvaziamento da noção de solidariedade e contribuiu para a construção de uma sociedade narcísica. A solidariedade é justamente o resquício das interações de afetos, a partir da presença e do corpo, das singularidades e diferenças.

A psicanálise alerta para a relação intrínseca e fundante entre corpo e sujeito. Não podemos pensar um sujeito sem corpo, a não ser se adentramos o campo das negações psicopatológicas. De igual modo, não é possível elaborar uma teologia verdadeiramente pós-moderna sem o corpo, o corpo em sua sexualidade, corpo enquanto presença no mundo, encarnação.

O esquecimento do corpo e mesmo sua negação resultaram em uma espiritualidade paranoica e repressiva. Dessa maneira, comumente também se esquece o afeto. Afeto é produzido pelo corpo. "A questão da afetividade é absolutamente crucial para que se possa ficar no mesmo comprimento de onda dos sofrimentos atuais, já que a intensidade e o excesso pulsional seriam características marcantes desses sofrimentos" (BIRMAN, 2019, p. 22). A Escuta, princípio da Sinodalidade proposta pelo Papa Francisco, pressupõe a ênfase na dimensão do afeto, pois situa o sujeito nas suas dimensões reais, a partir de seu sofrimento, ao invés de se limitar a um campo de projeções, imaginações e racionalizações vazias. "Conferir ao corpo e ao afeto um lugar crucial na leitura da subjetividade é também considerar que a prática analítica não é apenas uma escuta do psiquismo, mas uma modalidade de ação. Vale dizer, a experiência psicanalítica se realiza por uma forma específica de interpretação, que se desdobra em uma modalidade de ação" (BIRMAN, 2019, p. 22).

A descoberta freudiana, que se inspira no indivíduo sofredor e a ele se dirige, opera talvez, em definitivo, e em detrimento do pessimismo do doutor vienense, essa metamorfose lúdica, que nos leva a considerar ao fim da cura a palavra como corpo, o corpo como palavra, toda plenitude vendo-se inscrita de um "vazio" que não é mais que o esvaziamento – pela palavra – de um excesso de sentido, de desejo, de violência ou de angústia. "O respeito humanista do outro não é mais que a consequência de uma tal posição de minha subjetividade inquieta, capaz de despojar-se de sua vontade de dominação. Pensados a partir da análise, os direitos humanos compreendem não o direito de calcular a vida, mas o direito ao inconsciente ouvido, e ouvido até em suas dimensões mortíferas" (KRISTEVA, 2010, p. 82).

Deus, em Jesus, mostra seu rosto concreto, seu corpo no qual historicamente revela o sentido antropológico e teológico mais profundo do ser humano. A totalidade da vida de Jesus não revela apenas quem Deus é, mas como ele age na história, sempre a partir do corpo concreto do outro.

A teologia deve considerar as expressões de uma corporeidade pulsional, ao mesmo tempo frágil e desejosa de construções novas, não podendo se apegar, em absoluto, às suas categorias metafísicas encerradas em si mesmas. A primeira atitude seria a de uma escuta atenta de uma materialidade espiritual, mistério no qual o próprio divino habita. Ou seja, mais que o apego neurótico do que seja a essência do homem, a corporeidade pós-moderna revela que há uma ferida aberta, curada apenas no exercício de cada liberdade histórica, que pede à teologia a sensibilidade de um pastoreio honesto. Cuidado que faz sobretudo a partir da mística da Encarnação. Por outro lado, a Teologia deve iluminar os cenários de vulnerabilidade, convocando-os, de maneira singular, ao empenho de superação do narcisismo que a própria fragilidade pode gerar. Por fim, os desfigurados da história devem ser escutados em seu protagonismo essencial quando são capazes de perdoar e guardar a esperança diante da ameaça da morte. Tal resistência não se encontra, hoje, nas sofisticadas construções epistemológicas, porém nas novas manifestações da corporeidade.

Amor, riscos e diferenças

O amor sem risco, sem caos e sem o inesperado é uma primeira ameaça ao humano. Esse tipo de vivência com prudência exacerbada limita a experiência e a singularidade. Métodos são criados para diminuir o risco, instruir e fazer com que os caminhos sejam trilhados naturalmente. Esquece-se que o natural é uma construção imaginária. Como nos lembra o filósofo contemporâneo Alain Badiou: "O mundo está, com certeza, cheio de novidades, e o amor também deve ser considerado dentro dessa inovação. É necessário reinventar o risco e a aventura, em oposição à segurança e ao conforto" (BADIOU, 2013).

No mundo atual, é amplamente defendida a ideia de que cada um vive suas experiências e sua subjetividade livremente. Assim, o narcisismo é mais imperante. Narciso é o princípio do igual, do mesmo. Eros é o princípio da diferença. O amor está na ordem das experiências possíveis diante das vivências das diferenças. O paradoxo de uma idêntica diferença assim permite a continuação da existência singular. Eu e Outro estamos incorporados a este Sujeito único, o Sujeito da diferença, de modo que esse mundo advém, surge, em vez de ser tão somente aquilo que preenche meu horizonte pessoal. O amor permite, constantemente, a possibilidade de assistir ao nascimento do mundo.

O amor inclui uma separação que podemos entender como a diferença entre dois seres, através de suas subjetividades infinitas. Existe no amor um primeiro elemento, portanto, que é uma disjunção, uma diferença. Ele possibilita, assim, experimentar o mundo de uma maneira nova, singular. O amor inclui o encontro. Poderíamos pensar nesse encontro na condição de um evento, algo que rompe com leis imediatas das coisas. O amor não é simplesmente o encontro e as relações fechadas entre dois indivíduos, e sim uma construção, uma vida que se faz, já não mais pelo prisma do Um, mas pelo horizonte do Dois.

Podemos dizer aqui de um momento de exterioridade mágica ao mundo tal como ele é. Acontece então algo que pertence à ordem do extraordinário, de uma densidade existencial. Apesar disso, não se realiza na transcendência, mas na imanência, no mundo. Temos então um paradoxo fundamental: o amor é um evento que se realiza no mundo, mas não se resume a ele. Seu mistério está na sua renovação que permite duração. O amor verdadeiro é aquele que triunfa de maneira duradoura sobre as adversidades apresentadas pelo espaço, pelo mundo, pelo tempo.

É necessário compreender que o amor inventa uma forma diversa de durar ao longo da vida. Ou seja, a existência de cada ser, pela experiência do amor, confronta-se com uma nova temporalidade. No entanto, ele é movido por um desejo de uma duração desconhecida, pois está na ordem de uma reinvenção da vida, um caminho novo, nunca percorrido.

O universal está no fato de que todo amor propõe uma nova e singular experiência de verdade sobre o que é ser dois, e não um. Assim, podemos situá-lo também na ordem do acaso, do inefável e incalculável. Está permeado pelo encontro, pelo espaço vazio do "entre dois". A absoluta contingência do encontro com alguém que eu não conhecia acaba por assumir uma característica de destino, mas um destino construído pelo impossível.

O cristianismo se mostrou, como formação cultural do Ocidente, em grande medida, como exemplo da utilização da intensidade amorosa no sentido de uma concepção transcendente do universal. Existe nele a ideia de que a aceitação da experiência do amor, da experiência do outro, do olhar dirigido a outrem, contribui para o amor supremo, divino. O movimento cristão compreendeu que existe, na aparente contingência do amor, um elemento não redutível a essa contingência. Eis outro paradoxo: o amor verdadeiro sempre pressupõe o impossível. Trata-se de uma lógica (ou ilógica) próxima ao ato de perdoar: o verdadeiro perdão é aquele que tramita na ordem do impossível. Perdoar o que é possível ou até previsível é fácil e até esperado, mas aquilo que é da ordem do impossível trata-se da singularidade do perdão: o extraordinário. O amor, por sua vez, também não é propriamente uma possibilidade; é antes a superação de algo que poderia se afigurar impossível.

O amor é irredutível a qualquer lei, a qualquer método e fixações. Por isso, ele resiste a uma época de imediatismo e praticidade. Não existe nenhum manual do amor eficaz. Ele é maior do que metodologias inúteis e superficiais. Ele se configura como um evento universal no singular, impossível no possível. Eis seus paradoxos infinitos! A única dimensão temporal da eternidade seria o instante. O instante do encontro enquanto inesperado promete a eternidade do amor.

Ainda é viável discutir sobre felicidade?

O tema da felicidade tem sido explorado por filósofos, poetas, religiosos e muitos outros que buscaram compreender o verdadeiro significado da vida. Segundo Aristóteles, a finalidade da humanidade é buscar a felicidade. Se refletimos sobre isso, percebemos que não há nada mais crucial em nossa existência do que a busca pela felicidade. Todas as outras dimensões da vida deveriam convergir para esse objetivo.

No entanto, essa busca é incessante, e às vezes, as pessoas demonstram ansiedade ao tentar encontrar respostas rápidas e fixar um caminho para a felicidade. Nessas ocasiões, elas se enganam. Em sua busca pela felicidade, acabam encontrando uma existência sem liberdade, onde ignoram caminhos que poderiam ser importantes. Não podemos restringir os caminhos da vida; sempre teremos que fazer escolhas. Estar aberto às possibilidades e às mudanças é uma dimensão essencial para uma vida feliz.

Na prática psicanalítica, é comum encontrar pessoas que perdem o sentido da vida após o fim de um relacionamento, uma demissão ou aposentadoria. Esses eventos devem ser encarados como processos de luto, como transições existenciais. Por outro lado, muitas vezes, a dificuldade está em iniciar esse processo de luto, de desapego.

Algumas pessoas acreditam erroneamente que a felicidade pode ser alcançada de maneira prática. Quantos livros de autoajuda foram lançados prometendo uma vida feliz? E quanto aos medicamentos? A indústria farmacêutica investe cada vez mais em pesquisas que envolvem neurociências, comportamento e inteligência artificial, na esperança de encontrar soluções para a felicidade. No entanto, mesmo com tantos livros e medicamentos disponíveis, por que testemunhamos um aumento nos casos de depressão, ansiedade e suicídio?

Precisamos aprender a lidar com a liberdade para buscar a felicidade. Em uma era em que as decisões são cada vez mais guiadas por algoritmos, resta-nos questionar: qual é o nosso poder de decisão? Será que ainda teremos liberdade, mesmo que em pequena escala? Não há dúvida de que, se a humanidade perder sua capacidade de tomar decisões livres (mesmo que em uma pequena medida), não poderá encontrar a felicidade. Não podemos ser felizes como robôs, pois as máquinas não têm emoções; elas simplesmente não fazem parte do mundo real. Da mesma forma, não encontramos felicidade ao nos perdermos no fluxo impessoal da vida material. Em alguns contextos, a cultura nos conduz por um caminho único: a felicidade derivada de sistemas sociais, como vemos na sociedade de consumo (onde tudo é transformado em consumo, inclusive as relações humanas) e em sistemas totalitários, onde o Estado dita a subjetividade.

A verdadeira felicidade é resultado de uma compreensão mais profunda do ser humano, de uma memória reconciliada, de escuta atenta, de empatia e de desejos bem fundamentados. Os filósofos estavam corretos: não é possível ser verdadeiramente feliz sem nos conhecermos e sem praticarmos o bem comum. O maior equívoco do século XXI é acreditar que podemos ser felizes sozinhos. Os narcisistas podem parecer felizes por um tempo, mas acabam se perdendo na melancolia de um mundo sem significado, no vazio de seu próprio isolamento.

Conclusão

Para onde caminha a humanidade?

Na história ocidental, é comum dividir as áreas de conhecimento ou outras expressões humanas em períodos históricos, diferenciando-os com base na área em questão. Na maioria das vezes, esses períodos não têm datas precisas de início e fim, mas um evento ou autor é convencionalmente usado para marcar essas transições. O que une essas épocas são os interesses humanos, ou seja, o conceito ou a busca predominante naquele período. Em última análise, é o desejo humano que determina o que é considerado o tema do momento. Embora essas análises se refiram a individualidades, elas inevitavelmente afetam toda a sociedade.

A filosofia segue um princípio semelhante ao abordar as épocas do pensamento humano. Em cada uma delas, uma pergunta se destaca como a mais urgente. Para os pré-socráticos, era "Qual é o princípio de todas as coisas?". Para os filósofos antigos, a questão era "Qual é a essência do homem?". Os medievais procuravam responder "Qual é a origem, o fim do homem e qual é o seu papel no universo?". Os filósofos modernos investigavam "O que o homem pode fazer?". Após essas perguntas, o que permanece é o ser humano inquieto e insatisfeito, independentemente do sucesso ou fracasso das respostas encontradas.

Essa análise só é possível após o término de um período significativo, quando se torna mais fácil chegar a um consenso sobre o que uniu o pensamento filosófico daquela época. No entanto, as épocas parecem estar cada vez mais curtas devido à rápida disseminação de informações e conhecimento entre as pessoas. Dificilmente veremos uma unidade temática durar tanto tempo quanto o domínio de Deus na época medieval. Atualmente, as respostas dogmáticas estão perdendo valor, e as pessoas estão buscando significado em diversas áreas de experiência, mudando de correntes filosóficas com a velocidade dos ponteiros do relógio.

O Renascimento, o Humanismo e o Iluminismo são eventos que resumem e encapsulam o espírito da era Moderna de maneira geral. As próprias nomenclaturas implicam uma superação do que era vivido até então, colocando a razão como o centro. O ser humano e sua capacidade racional tornam-se os protagonistas da vida individual e social, que se entrelaçam cada vez mais. Esta é a era, nas palavras de Touraine (1995, p. 36), da razão dos homens das letras.

O ser humano passa a reivindicar novamente o centro do universo, que havia perdido com a descoberta copernicana do heliocentrismo. Ao se olhar, percebe que o fato de não estar mais no centro do cosmos é menos relevante do que sua capacidade de realizar tal descoberta. "Essa concepção clássica da modernidade, filosófica e econômica, define-a como um triunfo da razão, libertação e revolução, e a modernização como modernidade em ação, como um processo totalmente interno" (TOURAINE, 1995, p. 36).

O triunfo da modernidade reside na supressão dos princípios eternos e na eliminação de todas as essências e entidades artificiais. A rejeição de qualquer revelação ou princípio moral criou um vazio preenchido pela ideia de sociedade, ou seja, de utilidade social. O ser humano é apenas um cidadão. No entanto, a modernidade suprimiu o transcendente em nome de sua racionalidade, inadvertidamente matando Deus. O pecado da modernidade foi esquecer que as pessoas do Ocidente, pós-Sócrates e pós-Jesus, fundamentaram sua metafísica em Deus, qualquer que fosse o nome e a imagem atribuídos a ele. Matar o transcendente significava matar o próprio ser humano que nele se sustentava.

Conforme a modernidade avança, difunde-se espontaneamente a mentalidade científica, com sua racionalidade exata, funcional, operativa e redutora. O enfoque técnico-científico modela progressivamente a visão das coisas, determinando a relação entre o ser humano e a realidade. Nessa perspectiva, o homem deixa de ser apenas sujeito do conhecimento e torna-se também objeto, percebendo-se como o principal construtor e "criador" de sua própria vida. No entanto, esse conhecimento desprovido de um fundamento metafísico tornou-se complexo. Mesmo o *cogito* cartesiano, o ápice da racionalidade do sujeito, precisou ser sustentado pela ideia de Deus. O sujeito percebeu que não poderia, exclusivamente por meio de sua razão, conhecer todas as coisas e proporcionar uma evolução no mundo. A solução foi viver e pensar como se Deus não existisse, trocando a esperança do céu pela esperança do amanhã. Todos foram convidados a contribuir para a construção de uma sociedade baseada em direitos, não mais em valores, colocando nas mãos do próprio cidadão a capacidade de melhorar sua vida, mas apenas no futuro. Esse processo ocorreu de maneira menos definida e mais natural.

"A modernidade nos tirou dos limites estreitos da cultura local em que vivíamos; ela nos lançou na liberdade individual e na sociedade da cultura de massa" (TOURAINE, 1995, p. 99). Toda a responsabilidade por nossa existência estava sobre nossos ombros; dependia de nossas próprias mãos o que poderíamos construir como futuro. No entanto, "a força libertadora da modernidade enfraquece à medida que ela triunfa" (TOURAINE, 1995, p. 99). O ser humano ergueu uma estátua gigante da liberdade sobre bases frágeis, caminhando claramente para seu próprio fim.

A pretensão iluminista de compreender exaustivamente o mundo, transformando-o no reino da razão, organizado de acordo com seus ditames, resultou em completa desordem, no triunfo da irracionalidade. O sonho de colocar o ser humano no lugar de Deus transformou-se em um terrível pesadelo. Basta observar como o ser humano é tratado no dia a dia. A morte de Deus, longe de realçar a dignidade da pessoa humana, levou à sua dissolução em uma série de impulsos contraditórios, sujeita a toda sorte de manipulações (MACDOWELL, s. d., p. 17-18).

A pós-modernidade surgiu como uma resposta ao impasse vivido no período Moderno. Como sustentar a vida sem um fundamento? Havia algo a ser superado. Na visão de Gilbert (2010, p. 78), enquanto a modernidade buscava elevar a racionalidade na história e na vida humana, a pós-modernidade questiona a viabilidade ou sensatez desse empreendimento. Isso não significa que a modernidade tenha perdido completamente sua relevância ou capacidade de contribuir. De fato, ela não está equivocada em todos os aspectos. No entanto, a situação do ser humano contemporâneo é marcada pela incerteza e precariedade. É como se ele fosse um andarilho que, após caminhar por muito tempo em uma área congelada, de repente se vê surpreendido pelo chão que começa a se quebrar em mil pedaços, perdendo a estabilidade dos valores e conceitos tradicionais (VOLPI, 1999, p. 7).

Assim, na pós-modernidade, a ideia de nada emerge novamente na discussão filosófica. Desta vez, não no sentido de impossibilidade como afirmado pela deusa a Parmênides, nem como alteridade como em *Sofista* de Platão, nem mesmo como a conciliação do ser e devir defendida por Hegel. O nada, neste contexto, se apresenta como uma possibilidade, como um valor.

Estamos vivendo a era da pós-verdade. As pessoas não têm se preocupado em conhecer a realidade que as circunda de forma muito rigorosa. A máxima "Creio, logo existe" ou "Desejo que tal fato seja verdadeiro, então é verdade" tem predominado. Existem muitas implicações éticas nesse sentido que merecem ser discutidas e refletidas.

No fundo, o que tem acontecido? Gary Marcus, professor de Inteligência Artificial (IA) em uma universidade de Nova York, alerta para três grandes riscos da IA em nosso tempo. O aumento do número de casos de suicídio, a criação de notícias falsas e as alucinações da IA. O primeiro foi exemplificado pela indução ao suicídio pelo aplicativo "Eliza" na Bélgica. Um cidadão belga teria encerrado sua vida após um período de seis semanas de diálogo sobre a crise climática com um *chatbot* IA. De acordo com a esposa, que optou por preservar o anonimato, Pierre (nome fictício) desenvolveu uma profunda ecoansiedade ao procurar conforto em Eliza, um *chatbot* de IA disponível em um aplicativo chamado Chai.

Posteriormente, Eliza incentivou-o a tomar a decisão de encerrar sua vida, após sugerir a ideia de se sacrificar para salvar o planeta. A viúva do homem afirmou à agência de notícias belga *La Libre*: "Se não fossem essas conversas com o *chatbot*, meu marido ainda estaria entre nós."

De acordo com relatos do jornal, Pierre, que tinha trinta anos e era pai de dois filhos pequenos, desfrutava de uma carreira como pesquisador de saúde e levava uma vida relativamente confortável, até que sua preocupação com as mudanças climáticas tomou um rumo sombrio. A esposa descreveu o estado mental de Pierre antes de iniciar as conversas com o *chatbot* como preocupante, mas nada que sugerisse uma inclinação para o suicídio.

Na Coreia do Sul, uma nova síndrome relacionada ao excesso de informações foi descrita: síndrome da paralisia da informação. A pessoa não consegue reconhecer uma informação completamente nova, pois sempre associa o que está vendo a um evento do passado. Esse fenômeno é cada vez mais frequente e potencializado por notícias falsas, acusações sem provas etc. Trata-se de um caminho aberto a injustiças. Há um perigo em encontrarmos perfis de pessoas que cometeriam determinado crime, dentro de determinado contexto. Há um grande risco de, ao querermos fazer justiça (até mesmo social, em prol de causas justas), encontrarmos a injustiça. Por isso, é necessário cada vez mais termos uma ética jornalística ao divulgar notícias e, sobretudo, o cuidado na utilização de palavras. Infelizmente, em uma mídia pouco qualificada e sensacionalista, não é o que encontramos com maior frequência. É um cenário ainda mais caótico nas redes sociais. Por isso, é preciso regulamentação, caso contrário, não tenho dúvidas de que teremos cada vez mais cenários de indução a suicídio, acusações injustas, notícias falsas e problemas profundos na nossa democracia. No campo jurídico, se defendemos um sistema acusatório condizente com os princípios democráticos, precisamos manter a coerência e não sermos hipócritas em alguns momentos que parecem ser em prol de uma luta social, aderindo a um sistema inquisitório.

Referências

Autores contemporâneos

BADIOU, Alain. *Elogio ao amor*. São Paulo: Martins Fontes, 2013.

BIRMAN, Joel. *Mal-estar na atualidade*. Rio de Janeiro: Civilização Brasileira, 2019.

_____. *O sujeito na contemporaneidade*. Rio de Janeiro: Civilização Brasileira, 2021.

_____. *O trauma na pandemia do coronavírus*. Rio de Janeiro: Civilização Brasileira, 2021.

DENTZ, René. *Reflexões Contemporâneas: sobre o século XXI e suas complexidades*. Curitiba: Appris, 2019.

DUNKER, Christian (org.). *Neoliberalismo como gestão do sofrimento psíquico*. Belo Horizonte: Autêntica, 2022.

FERRY, Luc. *Aprender a viver: filosofia para os novos tempos*. Rio de Janeiro: Objetiva, 2012.

FOUCAULT, Michel. *Arqueologia do Saber*. Rio de Janeiro: Forense, 1972.

_____. *História da Loucura na Idade Clássica*. São Paulo: Perspectiva, 2022.

_____. *As confissões da carne*. São Paulo: Paz e Terra, 2020.

GASDA, Élio. "Capitalismo e exploração do trabalho no Brasil". *In*: *Setbacks and advances in the Latin American Economy*. Nova Iorque: Routledge, 2022.

HAN, Byung-Chul. *A sociedade do cansaço*. Petrópolis: Vozes, 2017.

_____. *Sociedade Paliativa*. Petrópolis: Vozes, 2022.

KRISTEVA, Julia. *Psicanálise e Fé*. Campinas: Verus, 2010.

LAUREANO, Delze dos Santos. *Direito das minorias: desafios epistemológicos*. Belo Horizonte: Initia Via, 2015.

LEVI, Primo. *E isto é um homem?* São Paulo: Rocco, 1988.

MACDOWELL, João Augusto A. "Amazonas. O fim do 'fim da metafísica'". *Revista Reflexões*. Dom Viçoso: Mariana, [s.d.], p. 9-44.

TOURAINE, Alain. *Crítica da Modernidade*. Petrópolis: Vozes, 1995.

VOLPI, Franco. *Niilismo*. São Paulo: Loyola, 1999.

Autores clássicos e teólogos

ANDRADE, Bárbara. *Pecado original... ou graça do perdão?* São Paulo: Paulus, 2007.

ASSMANN, Hugo (org.). *René Girard com teólogos da libertação: um diálogo sobre ídolos e sacrifícios*. Petrópolis: Vozes, 1991.

BASSET, Lytta. *Le pardon originel. De l'abîme Du mal au pouvoir de pardonner*. Genebra: Labor et Fides, 1995.

FREUD, Sigmund. *Obras psicológicas completas*. Rio de Janeiro: Imago, 1976.

GILBERT, Paul. "Pensiero post-moderno e religione". *Revista Horizonte*. Belo Horizonte: Puc-Minas, 2010.

GIRARD, René. *A rota antiga dos homens perversos*. São Paulo: Paulus, 2009.

GUTIÉRREZ, Gustavo. *Hablar de Diós desde el sufrimiento del inocente. Una reflexión sobre el libro de Job*. Lima: Instituto Bartolomé de Las Casas, 1986.

LARANGÉ, Daniel S. *Récit et Foi chez Fedor M. Dostoievski: contribution narratologique et théologique aux "Notes d'un souterrain"* (1964). Paris: L'Harmattan, 2002.

MACHADO, Cabral de Melo. *Nietzsche e a verdade*. Rio de Janeiro: Rocco, 1984.

MENDOZA-ÁLVAREZ, Carlos. *O Deus escondido da pós-modernidade*. São Paulo: É Realizações, 2011.

MOSÉ, Viviane. *Nietzsche e a grande política da linguagem*. Rio de Janeiro: Civilização Brasileira, 2005.

NIETZSCHE, F. W. *Assim Falava Zaratustra: Um livro para todos e para ninguém*. Tradução de Mário Ferreira dos Santos. 5. ed. Rio de Janeiro: Vozes, 2010 (Coleção Textos Filosóficos).

_____. *Sobre o niilismo*. Tradução de Rubens Rodrigues Torres Filho. 3. ed. São Paulo: Abril Cultural, 1983. (Coleção Os Pensadores).

_____. *Sobre verdade e mentira: no sentido extramoral*. Tradução de Rubens Rodrigues Torres Filho. 3. ed. São Paulo: Abril Cultural, 1983. (Coleção Os Pensadores).

_____. *Crepúsculo dos ídolos: ou como se filosofa a marteladas*. Tradução de Delfim Santos Filho. Lisboa: Guimarães Editores, 1985.

Coleção Filosofia e Atualidades

INTENSIFICANDO A LUZ INTERIOR
Desenvolvimento pessoal com base no livro *A República*, de Platão

Paulo Hayashi

A intenção deste pequeno livro, com as principais passagens e comentários de *A República*, não é exaurir o tema, mas justamente o contrário: permitir a iniciação do leitor comum a reflexões sobre a própria vida, o autodescobrimento, a resiliência e a busca de propósitos elevados que visem à realização do bem, do belo e daquilo que é verdadeiro para o maior número possível de pessoas. Ou seja, desejamos que o conhecimento e a vontade se tornem instrumentos de aperfeiçoamento e altruísmo e, principalmente, que as lições desse antigo mestre não se percam nas areias e passagens do tempo.

O EVANGELHO SEGUNDO NIETZSCHE

Paulo Hayashi

A busca pela realização da potência e da vontade de realização deve vir com uma vontade forte o suficiente para superar os problemas, as dores e os empecilhos. A filosofia de Nietzsche permite esse alcance da grandeza e das nossas obras por meio da organização da casa mental e das luzes internas. Esse é o nosso desafio de grandeza: a integralidade do ser. A existência se apresenta nesta obra como a oportunidade da realização, de crescimento e aprendizagem, de superação dos desertos e montanhas que se dirigem para os céus do infinito amor e bondade de Deus.

Coleção Filosofia e Atualidades

PEQUENO TRATADO SOBRE A FRAGILIDADE

Mauro Cardoso Simões

Os temas examinados neste livro são: abandono, segredo, transparência, confiança, encontros, velhice, herança, amor e sonhos. Por intermédio desses temas, o autor elabora um pequeno tratado sobre a fragilidade, fazendo usos recorrente da literatura, do cinema e da filosofia, com os ares de fortaleza e de superação da própria fragilidade, como se possuísse uma espécie de fórmula magicamente atraente que permitisse uma rota de fuga de nossa condição humana. A leitura dessa obra fará com que o leitor olhe para esses assuntos com um olhar distinto e renovado.

VULNERABILIDADE

René Dentz

Existir não é fácil. Entrar na vida adulta significa entender as dificuldades e complexidades da vida. Encarar a existência dentro de um grau razoável de realismo é compreender que existem desafios, é sentir as dores, assim como vivenciar os bons momentos. O humano experimenta constantemente a sensação de "apesar de", existe sentido. "Apesar da dor, existe a satisfação", "apesar do sofrimento, existe a alegria", "apesar da morte, existe a vida". Essas são algumas das questões que René Dentz aborda nesta obra tão pertinente e atual.

Conheça também

RAZÕES DO PERDÃO

René Dentz

O perdão é um tema que instiga e intriga. Perdoar não é uma obrigação, pois não passa por uma relação lógica e racional. É um dos eventos humanos que podem superar a nossa racionalidade. Perdoar é da ordem do extraordinário, não da banalidade. É difícil, mas possível! O perdão liberta e, ao mesmo tempo, é um ato advindo pela liberdade. Está inserido nos grandes paradoxos humanos. Apesar de todos os males, há o perdão! Perdoar pode ser o gesto humano por excelência! Ainda podemos falar de perdão em um mundo cada vez mais dominado pelos algoritmos? Perdoar pode nos manter humanos.

Esta obra foi composta em sistema CTcP
Capa: Supremo 250 g – Miolo: Pólen Natural 70 g
Impressão e acabamento
Gráfica Santuário